给力啊！职场

两周突破世界500强外企职场面试

谢绍东　编著

天津大学出版社
TIANJIN UNIVERSITY PRESS

内 容 提 要

本书是根据世界500强外企人力资源专员的亲身工作实践编写的面试指导用书，分14天讲述了外企求职应聘全过程，从简历准备开始至总经理面试的所有建议和案例全部来自世界500强外企人力资源专员。

本书适合即将毕业的大学生使用，也可供其他求职应聘人员参考。

图书在版编目（CIP）数据

给力啊！职场：两周突破世界500强外企职场面试／谢绍东编著．—天津：天津大学出版社，2013.5

ISBN 978-7-5618-4697-1

Ⅰ.①给… Ⅱ.①谢… Ⅲ.①职业选择—基本知识 Ⅳ.①C913.2

中国版本图书馆CIP数据核字（2013）第115099号

出版发行 天津大学出版社
出 版 人 杨欢
地　　址 天津市卫津路92号天津大学内（邮编：300072）
电　　话 发行部：022-27403647
网　　址 publish.tju.edu.cn
印　　刷 廊坊市长虹印刷有限公司
经　　销 全国各地新华书店
开　　本 148mm×210mm
印　　张 6.5
字　　数 215千
版　　次 2013年6月第1版
印　　次 2013年6月第1次
定　　价 20.00元

檀琦工作室求职面试英语图书策划委员会

推荐序一

全新揭示世界500强入职玄机
首部畅行职场的万能求职真经

能借此良机就谢绍东老师的著作向读者朋友们说几句，我感到十分荣幸。朋友们看到我工作室出了很多雅思书，但你们可能不知道这本书乃是我搬迁办公室后的特别创意。这本书是我和绍东老师合作的第一本书，牵线人是我们共同景仰的一位老师——i 考易教育创始人陆航先生，这位博学的英语语言学院执行校长给了我们不尽的源动力。本书从创意到最终付梓，其间所经历的波折或者困难，如今都成为美好的回忆。

初见绍东老师是在亚运村我的办公室里，他阳光、自信，一身简单得体的装束让他显得豪放洒脱。在深入谈话中我才得知我们原来是某知名上市集团的前同事，只是不曾谋面而已。自由奔放又情感细腻的他如今是北京外语广播《英语 PK 台》栏目的双语嘉宾主持人，当我关注了他主持的口语节目后，不禁被他诙谐和流畅的英语口语吸引住了。

绍东老师超凡的素养、广博的人脉源于他早年的工作经历：曾以管理培训生身份进入世界 500 强企业，在招聘培训、员工关系、薪资福利等方面具有丰富的经验；作为新东方优秀教师，他曾在全国（包括台湾地区）数十所大学成功举办世界 500 强企业求职面试系列活动。

俗话说“职场如战场”，而战斗前的军力准备是战场上能否取胜的关键，职场“白骨精”总有其战胜群英的不二法门。为此，在本书里绍东老师根据切身经验，谈内容，举事例，找方法，做总结。在“如何根据自身特长选择公司”部分，透露了求职过程中扬长避短、发挥特长的秘诀。“简历写作”部分介绍了中英文简历的撰写技巧，列举了大量中英对照术语，同时深入阐述了如何利用地道英语简历模板完善适合自己个性的简历。在“网络申请”部分列举了7大网申问题，并备有示范答案和答案解析，还提出了灵活运用STAR原则的建议，指导应聘者结合自身特长以不落窠臼的最佳姿态向主考官充分展示不一样的自我。

当通过种种面试场景掌握了职场应聘要领后，是不是意味着在赢得主考官的青睐上就有8成把握了呢？事实不然，还必须对主考官的性格类型做到心中有数，为此朋友们不妨仔细读读“总经理面试”部分。另外，对书中“面试前”“面试中”“面试后”这三部分内容也要细读。当然态度也非常关键，面临各种大小面试和测试时，需要保持自然、严肃、开放和淡定的态度。最后，在签订劳动合同时，也要切记保护自身权益。

看完全书，你是否对进入500强企业更有信心了呢？若答案为“Yes”，那么，作者、我以及出版社的编辑将会感到在这本书上的付出非常值得！

借绍东老师的作品面世之际，要特别感谢北京大学外国语学院的黄弋老师、张红波老师、孙凯老师、关嫒嫒老师和北京外国语大学的徐浩老师。他们无私地将渊博的知识源源不断地输入惑者的心田，其高尚的师德和奉献精神总是影响着我，无论是求职还是独立创业，这种精神如一盏明灯指引着我向更高更远的“职途”前行。

衷心地希望本书成为广大求职者开启高薪职位之门的金钥匙，成为有志于去500强企业展示才华的朋友们的职场宝典，让心怀梦想的朋友们从中找到求职的妙策良方而成为坚定、缜密、睿智的现代职场精英。

檀琦

公众微信号：tanqi1975

微博：@外语图书出版-香珊居士（http://weibo.com/tanqigongzuoshi）

博客：@Teresa 檀琦（http://blog.sina.com.cn/tanqigongzuoshi）

推荐序二

一年前的一个会议上，我与谢绍东偶遇，他说很喜欢看我主编的《HR 经理人》杂志，并请我为他的一本有关求职面试的书写一篇推荐序。之前我与绍东并不相识，既不了解他这个人，也不了解他书稿的内容，但就凭他对我的信任，我答应先看看书稿的大概内容然后再说。

很快，绍东发给我一部分已经写好的内容，标题是“签合同前最应该清楚的三大问题”，“三大问题”即薪资、五险一金及福利、劳动合同类型这三个求职者最想了解的问题。在这一部分，绍东从知己知彼、换位思考的角度出发，通过世界 500 强公司真实的案例，描述和分析了用人单位人力资源部招聘负责人在招聘面试中的心理活动，列举了求职者经常会犯的一些错误，并给出了一些非常中肯、实用的建议。比如，在人力资源部招聘负责人问求职者有关薪酬的期望时，绍东列举出“无所谓”“漫天要价”“绕着说”“要求太低”等几个失败的回答，并建议求职者要通过招聘网站等渠道了解一下应聘岗位薪酬的市场行情，然后再有的放矢、大大方方、客观自信地提出自己的薪酬期望。这些内容让人感觉比较真实、实在，不存在一些职场图书常有的故弄玄虚以及说教味和江湖气，而更像是一个老朋友在给你讲一些他所经历的求职故事，即便不用总结提炼，你也自然会从中学到一些方法，悟出一些道理。由此我对绍东这本书有了更多期待。

后来，随着书稿的逐步完成，绍东又把完整的纲要发给了我，看后让我感到喜出望外。这本书按照求职面试的流程来组织文字，逻辑顺畅，体系完整，而且非常贴心地将内容划分为

14 个部分，引导读者在 2 周的时间里，有条不紊地准备精良的汉英双语简历，打造一个成功的外企面试形象，锁定一次突出的公司面试表现，乃至准备好一个长期的未来职业规划，这一点让人耳目一新。

这本书还有一大特点就是里面穿插了不少英文的内容。对于现在的职场人来说，熟练掌握英语是一项必备的技能，而英语方面的考核在外企面试中的重要性也逐年增加，因此书稿里的英文内容可以说是一个很大的亮点。而绍东在北京百事可乐人力资源管理培训生及北京新东方雅思口语听力名师的双重身份让他成为了写作这部分内容最适合的人选。

其实，更让我愿意写这篇书荐的是绍东自身的成长经历。从某种意义上说，他的成长经历给求职者的启发更大。绍东自称“85 后”天蝎男，人生轨迹十分奇幻——当过 DJ，做过编辑，学了十二年美术并获得过三次全国美术一等奖，大学却选择了生物专业，大学毕业又成为世界 500 强百事可乐的人力资源管理培训生，而现在在新东方被学生誉为最会画画的英语老师。在我看来，绍东的人生轨迹之所以看起来奇幻，是因为他在循着自己的内心而工作和生活。他愿意尝试不同的工作，兴趣爱好也比较广泛，其中英语特长让他找到了最大的自信和成功的乐趣。所以，曾经学过什么专业、做过什么工作都不应该成为阻碍自己追寻内心理想的羁绊。

总之，这本书无疑是本好书，但读者在看书的同时，更要像绍东那样勇敢地尝试、勇敢地放弃、勇敢地追求，当你真正找到了与自己的深层志趣相契合的工作时，你的事业将会无限成长，而你的心也会自由飞翔。

《HR 经理人》主编

刘兴阳

作者自序

亲爱的读者朋友们，我为您精心准备的这份礼物终于和大家见面了。从策划到出版整整两年的时间，我心中的激动至今很难平复，因为我为应届毕业生和准备跳槽的朋友们提供了一本实用又不失趣味性的职场面试指导书。

我出生在一个以牛肉面出名的城市，没有贵人相助，没有显赫背景，却在近万名候选人中突出重围，在大学本科毕业前就签约世界 500 强企业，顶着巨大光环成为了百事可乐的人力资源管理培训生。

与那些在大城市读书见多识广的优秀人才相比，当时的我没有广博的人脉资源，没有丰富的人生阅历，只好自己总结出一套面试的技巧，而现在我想把我那时总结的技巧和在人力资源部工作时的一些感受与大家分享一下，希望大家的面试之路能比我的更加平坦。

在写这本书稿期间我在精神和身体上经受了非常大的压力，其中的面试案例收集和英文单词筛选实在是工程浩大，无数次电话沟通和面谈也让我的人力资源经理朋友们苦不堪言，而我在凌晨一点还要忍着胃痛坚持写作。不得不说我曾经有过想要放弃的念头，但是因为我一直是那种要一条路走到底的人，所以就这么坚持下来写完了书稿。

在这本书里，我分享了很多应届毕业生朋友们在面试时的各种经历，同时，我在世界 500 强的人力资源经理朋友们也与我慷慨地分享了他们多年的招聘经验。他们不仅是我曾经并肩奋战的同事，更是我在人力资源职场的前辈。

面试是一个人在当今社会必须积极面对的考验，不管是学成毕业找工作的应聘，还是申请国际环保组织义工，或者是奥运会、世博会等志愿者的选拔，面试可谓是永远的主旋律，其重要性自然不用多说。然而，对于大多数朋友来说，“面试”尚且是个难题，再加上“英文”二字就更成问题了。本书针对人们在求职面试中的英文薄弱之处，列举了大量相关词汇和短语，供广大读者借鉴。

在此我要感谢一些人，因为有了他们的无私帮助才有这本书的出版。

我首先要衷心感谢的是《HR 经理人》杂志的刘兴阳主编，他在繁忙的工作之余抽出时间阅读我的书稿并为我写了精彩的推荐序。愿更多的人能够关注《HR 经理人》，成为像我一样的铁杆粉丝并从中获益。

其次要感谢我的姐姐檀琦，她对我细致入微的关心和支持是我坚持写作的动力之一，特别庆幸第一本书就是与她合作。

再次，我要感谢我在世界 500 强企业的人力资源经理朋友们，感谢顾莎莉、白桦、哈彦及北京师范大学的在读博士李玲女士对我的支持和帮助。

最后，我要感谢陆航老师，是他发现我、培养我，给我机会。如果说我今天勉强算得上优秀的话，很大一部分原因要归功于他。

希望大家能够从本书中有所收获。

谢绍东

2012 年 12 月

目录

第一天

如何根据自身特长选择公司

今天的“职场”更像“市场”。

这句话绝对没有夸张的成分。每当大学生毕业季来临的时候，大家就会在人才市场见到只有联合国难民署去非洲发粮食时才会见到的壮观场面：拥挤的展台，攒动的人头，因不堪重负似乎随时都可能倒塌的展会大厅……所有这些都反映出人才市场的供应和需求已经严重不成比例了。

职场就是这样，无论你是社会新人还是职场大虾，以上场景总是你将要经历或曾经经历的。2008 年金融危机之后，想找到自己心仪的工作几乎成了“mission impossible”！大家的起薪越来越低，满意的职位越来越少。然而就在这样不景气的市场下，依然有人的简历投一次中一次，面试的通知挡都挡不住，结果成为了传说中的“面霸”；有人同时得到了多家世界 500 强企业的“offer”；当你还在为没有着落的工作而奔忙、苦恼的时候，他们苦恼的是自己应该选择哪一家世界 500 强企业呢？更有甚者，当你还挤在拥挤的招聘会现场担心自己的鞋跟可能折了的时候，他已经签订了劳动合同开始上班了。

这样的人就在你我身边，是每所学校都会有的传奇人物！难道他们真的比我们优秀许多吗？比我们多出两条胳膊或一条腿？非也，其实他们只不过比一般人更懂得扬长避短和面试技巧罢了。既然他们可以做到，我们自然也可以。本书将系统全面地向大家介绍求职面试的所有技巧和法门，一定会让不知所措的你找到正确的方向和思路。

注意以下三点会让你在求职过程中受益。

1 只选对的，不选贵的

在北京国展举行的一次招聘会上，一个到我公司应聘的学生给我留下了很深的印象：她学的是地理专业，专业课成绩十分好，GPA 达到了极其“令人发指”的 3.86，连续三年获得了国家级的奖学金，而且她对地理的兴趣也是很浓厚的，高考填报志愿时是她自己选择了地理专业，可她却来应聘销售代表的职务。当我们询问她为什么来应聘这份工作的时候，她说因为自己的好几个高中同学都做了销售工作，所以她也想试试，但她对这份工作可以说是一无所知。对此，我们几个同事都特别惊讶。

我们不是惊讶她学的是地理，也不惊讶她想转行做销售工作，而是她自己并不了解这个职位，也没有很强的意向，只是一味地跟随自己的同学。而她真正擅长的并不是销售这份工作。也许销售工作的工资会比当个地理老师更高一些，但是几年之后她可能会发现自己并不真的喜爱这份工作。到时候再想回头，会发现一切又要从零开始，这会让她的职业发展变得很不容易。

结论

不要因为一开始的工资差异而决定自己的第一份工作。

2 知己知彼，百战不殆

如果你想要找到适合自己的工作，那么你一定要明白在公司中什么样的员工才算好员工。一定要明白，就像人和人不一样，公司和公司的人才观也是不一样的。

不同的公司到底有怎样不同的观点呢？

索尼：一流是与生俱来的。

微软：雇用最有才华的人比培训管理那些平庸的人要重要得多。

箭牌：支持锐意招聘、发展和留住最佳人才。

谷歌：没有西装革履也一样认真严肃。

宝洁：领导才能、主人翁精神、诚实正直、积极求胜和信任。

波音：员工是最重要的资源，在技术、训练、沟通、环境、管理监督及技术支援等方面的配合之下，我们的员工必定能达到提升生产力与产品品质的目标。

壳牌：多样化的员工和包容性的工作环境；诚实、正直和尊重他人。

玛氏：质量、责任、互惠、效率、自主。

宝马：团队合作的成果高于个人合作之和；尊重员工的人权不容置疑。

IBM：IBM 就是服务。

汇丰银行：公开尊重高素质的能人，通过择优录用选拔、支持多样的团队。

百事可乐：开诚布公，以多元化和包容的态度取胜，尊重他人，共同成功。

通用电气：痛恨官僚主义，开明，讲究速度，自信，高瞻远瞩，精力充沛，勇敢地设定目标，视变化为机遇，适应全球化。

摩根士丹利：严肃、一流，稍显傲慢，多样化及国际化。

可见，不仅不同公司对员工的要求会不同，就连同一个公司对不同职位的员工要求也会不同，找到和自己

"match" 的公司是非常重要的。因此，首先大家一定要做到对自己有一个明确的定位，其次要对自己心仪的公司要了解，最后在求职的过程当中，一定要把自己塑造成这家公司需要的人才。

那么如何才能"知己知彼"呢？最基本的一步就是看企业的招聘网页，从而了解它们的用人标准和一些注意事项。世界 500 强企业的招聘启事里时常充斥着大家非常陌生的单词和短语，所以这里首先介绍一下在招聘启事中常见到的单词和短语及其汉语意思。看懂了这些，对于大家找工作一定会有很大帮助。

表 1－1　有关职位的单词

dir（=director）	董事
agcy（=agency）	经销商
mgr（=manager）	经理
clk（=clerk）	（办公室）职员
reps（=representative）	（销售）代表
asst（=assistant）	助理
trnee（=trainee）	实习生
stdnt（=student）	学生
sctry（=secretary）	秘书
typ（=typist）	打字员

表 1－2　有关级别的单词

admin（＝administrative）	行政的
jr（＝junior）	初级的
sr（＝senior）	资深的
lv/lvl（＝level）	级/层
pos（＝position）	职位

表 1－3　有关申请人背景及经验的单词和短语

inexp（＝inexperienced）	无经验的
exp'd（＝experienced）	有经验的
int'l（＝international）	国际性的
bkgd（＝background）	背景
knowl（＝knowledge）	知识
ref（s）[＝reference（s）]	推荐信
pref（＝preference）	优先
prev（＝previous）	先前的
grad（＝graduate）	毕业
coll（＝college）	大专（学历）
hs（＝high school）	高中（学历）
wpm（＝words per minute）	×字/分钟

表 1-4　有关工作时间及地点的单词和短语

yr（s）［=year（s）］	年
mth（=month）	月
wk（=week/work）	周/工作
M-F（=Monday-Friday）	从周一到周五
hrly（=hourly）	每小时的
hr（=hour）	小时
evng（s）［=evening（s）］	晚上
temp（=temporarily）	临时性地
p/t（=part-time）	兼职的
f/t（=full-time）	全职的
ot（=overtime）	加班
hdqtrs（=headquarters）	总部
hosp（=hospital）	医院
loc（=location）	位置，场所
bldg（=building）	建筑物，大楼
dept（=department）	部，系
div（=division）	分工，部门

表 1-5　有关收入的单词和短语

sal（=salary）	工资
fr. ben（=fringe benefit）	额外福利
comm（=commission）	佣金

表 1-6　有关某职位描述的单词和短语

exp（=experience）	经验
manuf/mf（=manufacture）	制造
mech（=mechanic）	机械的
bus（=business）	商业，生意
data pro（=data processing）	数据处理
mach（=machine）	机器
corp（=corporation）	（有限）公司
ind（=industrial）	工业的
trans（=transportation）	交通
tech（=technical）	技术（上）的
co（=company）	公司
eqpt（=equipment）	装备

表 1-7　其他常见单词

ad/adv（=advertising）	广告
tel/ph（=telephone）	电话
immed（=immediate）	立即的
incl（=include）	包括
appt（=appointment）	约会，预约
oppty（=opportunity）	机会
attn（=attention）	与……联系
nec（=necessary）	必要的

续表

perm（=permanent）	永久性的
pls（=please）	请
exc（=excellent）	很好的
req（=require）	需要
ext（=extension）	延伸，扩展
stmt（s）[=statement(s)]	报告
sh（=short hand）	人手不足
rel（=reliable）	可靠的

结论

先了解公司的用人标准和需求，根据这些标准和要求去塑造和充实自己。

3 大礼包效应

这个神奇的效应是我之前在百事可乐工作时得到的启发。在一家大卖场，我发现当三种不同包装的百事产品单独放在货架上的时候，销售量比较一般，但是把它们捆绑在一起做成大礼包，这些商品的销售量一下子增加了不少。究其原因，大礼包无非是让顾客看到了这三种商品组合在一起的好处，这一招果然更能吸引大家的眼球。

其实求职也是一样的，好的自我介绍应该把自己的优点全部展现出来。

我们来看一位同学在面试时的一段英文自我介绍。

Hi, my name is Zhang Sinan. I am from Chongqing City. I am a very positive person. What's more, I have a lot of hobbies, which make me a very active person.

这段自我介绍有什么样的问题呢？

首先，很明显这位同学在面试之前没有考虑过自己的特长和特点到底有哪些，所以他的逻辑是混乱的。

其次，这位同学自我介绍的内容都非常空洞，没有实质性的例子。

最后，用词太过书面化，明显是在生硬地背诵作文或模板。

如果由我来修改，那么这个自我介绍应该是下面这样的顺序和结构。

Hey, my name is Zhang Sinan, just call me Peter if you want. I am from Chongqing City and I really enjoy the spicy food there.

I guess I am a good student, because my GPA is 3. 64 and my IELTS score is 8.

But please don't regard me as a boring person. I am also interested in many activities, such as swimming and jogging, both of which help me to become an active person with determination.

I did some internship in a local company during last summer holiday. I took charge of the meeting arrangements and business trip booking in the company.

通过以上描述文字，这位同学的形象一下子丰满了起来，我们很清楚地了解到了他的学习、兴趣及实习经历。

结论

把自己的特点和特长结合在一起，发挥其最大功效，给面试官留下良好印象，让他们对你产生兴趣。

第二天
简历写作

世界500强外企人力资源部的招聘负责人每天工作十分繁忙，看每份简历的时间大约是10秒左右甚至更短，毫无特色的简历只会被淘汰。因此如何能让人力资源部的招聘负责人留意到你的简历是非常重要的问题。

大家对于简历的误解在于两点：第一是迷信模板，第二就是不分轻重。简单从网上下载模板自然是行不通的，但是如果完全不分轻重地把自己所有经历全部写在简历上又会没有重点。

现在我来告诉大家简历写作的两个要点：首先，简历不能太长，要言简意赅；其次，要按照一定的行文格式写简历，但是一定不要简单套用一些求职网站的简历格式。

今天我们的任务是按照国际流行的格式，结合自己的个人经历写出令人满意的英文简历。

英文简历包括三部分内容：求职信（Cover Letter）、（狭义）简历（Resume）和附件（Attachments）。

1 求职信

求职信是简历当中比较独立的一项内容，因为有些公司是完全不会看求职信的，但是也有一些公司很看重求职信，因此大家尽量准备一份求职信以备不时之需。

求职信的字数不易过多，可以借鉴网上的模板，但是内容要有自己的独到之处。

我们来看一位生物专业的学生在向一家制药公司投简历的时候写的求职信。

Dear Sir,

I am an undergraduate student of biology major. I got a GPA 3. 88 and I am an outstanding student. I won a lot of awards and scholarships as well. I am amicable and highly energetic. I think I will make great contributions to your company if I can join you. I am a fast learner and an easy-going person, which sets me apart from the rest of others.

I have big dreams and I will work hard. Please contact me if you are interested.

看完之后大家应该都能感觉到这是一封极其糟糕的求

职信：段落含义不清，没有逻辑，人人都能从网上查到一篇类似的求职信模板。这份求职信完全是在罗列一些描述性格的词汇，这些词汇本身没什么不好，而是被用错了地方。

相比之下，好的求职信应该具备以下三个自然段。

第一段：表达自己对所申请工作的了解以及喜爱之情。很多成功的申请人都会通过这一段文字给招聘负责人留下深刻的印象。比如，上面例子中的这位同学完全可以先说一说自己为什么喜欢生物专业以及制药工程这个方向，有哪一件事情深深地影响了自己。

第二段：表达自己的素质是与职位说明（Job Description，JD）相吻合的。一般公司的招聘启事上会有职位说明，大家可以通过具体描述自己的素质为何与其吻合来证明自己就是公司所需要的人。

第三段：留下自己的联系方式。此处一般就是写上自己的手机号及电子邮箱地址，因为后面的简历里还是要提到的，所以不用罗列太多。

我根据上面例子这位同学的情况写了一封求职信，供大家参考。

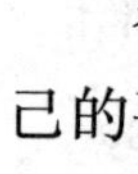

Dear Sir,

Although I have just graduated, I am very

familiar with this job and your company. I went to your company as a summer intern when I was a junior student. It impacted me so much that I got a taste of the inspiring culture and efficient management of your company. The coworkers in the program also thought highly of me. I've loved learning biology ever since I was a child. I want to help people and I think this job is a great chance for me to help patience everywhere.

I understand that this job requires a lot of skills in biology, both basic and advanced. As the top 3 student in my class, I got GPA 3.88 and many biology major related awards and scholarships. I learned a lot of practical skills when I was an intern in your company, which will help me to fit in quickly and smoothly. I have proved myself to be an amicable and energetic person when I was there.

I am really looking forward to hearing from you.

E-mail: XXX Mobile: XXX

下面是一些描写性格的句子和短语，请大家参考，注意选用一到两条符合自己性格特点的即可，千万不要罗列太多。

表2－1　有关性格描写的句子和短语

mature, dynamic and honest	思想成熟、精明能干、为人诚实
with excellent ability of systematical management	有极强的系统管理能力
be able to work independently, mature and resourceful	能够独立工作，思想成熟，应变能力强
with ability plus flexibility	有能力且有适应力
with a stable personality and high sense of responsibility	个性稳重并具高度责任感
be able to work well with a multi-cultural and diverse work force	能在不同文化和工作人员多种背景的情况下出色工作
bright and aggressive	聪明，有进取心
initiative, independent and have good communication skill	主动、独立并有良好交际技能
be willing to work under pressure with leadership quality	愿意在压力下工作，并具备领导素质
be willing to take responsibility	勇于承担责任

续表

mature, self-motivated and have strong interpersonal skills	思想成熟，上进心强，并具备丰富的人际交往技巧
energetic, fashion-minded	精力旺盛，思想新潮
with strong determination to succeed	有获得成功的坚定决心
with strong leadership skills	有极强的领导艺术
be able to work well with others	能够同他人一道很好地工作
highly-motivated and reliable with excellent health and pleasant personality	上进心强又可靠，并且身体健康、性格开朗
with the ability to initiate and operate independently	有创业能力并能独立地从业

2 （狭义）简历

关于简历的用纸和版式给大家如下建议。

首先，用纸应该是 A4 打印纸，即长 29.7 厘米，宽 21 厘米。

其次，字体建议用 Times New Roman，但对于英文我个人很喜欢 Calibri，大家可以试试看。

再次，字号最好用五号，不过很多学生朋友喜欢用小四号，这也是可以的。

最后，上下页边距 2 ~3 厘米，左右页边距 1.2 ~2.5

厘米。

如果大家觉得以上内容操作起来很困难，那也没关系，把这份说明拿去打印店，那里会帮你搞定的。

除了版式，简历的内容上大家也应该多注意，好的简历不是对自己经历的简单罗列或者流水账一样地陈述事实，而是要从自己以前所取得的成就中选出对这次面试有帮助的经历写进简历里，同时不要期待一份简历就可以帮你赢得心仪的职位，它只能帮你赢得面试机会，是否能成功获得这份工作还要看你之后几轮面试的表现。但是大家一定要谨记简历内容和你所求职位的相关性！

简历中通常包括背景和工作及实习经历两部分内容。

背景包括姓名、出生日期、家乡以及现居住地的地址，一般还要留下联系方式，如电子邮箱和电话号码。背景还包括教育背景，如是统招还是自考，是一本、二本还是三本，是三年制、四年制还是五年制。这些信息可以体现在在校的年份、学校及专业名称上。一般统招及全日制本科是不需要特别标注的，但是自考、成考或夜大还是需要主动标记出来，位置一般紧跟在专业名称之后。

工作及实习经历包括实习公司、职务、工作内容、负责的项目、汇报对象、参加的活动等。

（1）实习公司

好的实习公司可以帮助你吸引招聘者的注意力。如果你实习的公司是一个世界500强企业或者在同行业内备受认可，那么这种实习的经历极有可能帮助你获得更多的面试机会，因为这样的公司在招募实习生的时候往往要求更严格、竞争的候选人更多，你成功获得这类公司的实习机会这件事本身就很能说明问题。

（2）职务

如果你没有工作经验，只是一个大四或者研究生刚毕业的学生，你可能没有任何职务，但是你肯定有过实习经历，可以把自己在实习单位的职务写在上面。很多同学会说大家去了以后都叫实习生，自己并没有任何的职务。虽然名字一样，可是每个人的具体任务是不一样的。比如说，有一些同学的专业是财会，因此他在实习的过程当中就被安排在了公司的财务部门，做一些跟财务相关的实习工作，这个时候他就可以把自己的职务写成“财务部助理”；有一些同学可能一直想搞销售，因此进入了销售部门，做了一些和销售相关的工作，那么他的职务就可以写成“销售助理”。

（3）工作内容

例如，在财务部负责报表或者在人力资源部负责安排面试，或者在销售部负责跟老业务员一起拜访客户，这些都可能是我们常规的一些工作内容，都可以写到简历中。

(4) 负责的项目

有些时候除了你本职的一些工作之外，你可能会参加公司特别安排的一些特殊的活动，如公司的年会、经销商答谢大会或者公司的形象品牌宣传活动等。可以在简历中挑其中一两件特别出色的项目进行陈述。所挑出的项目最好跟你所应聘的工作相关，如果不相关也应该表现出自己某一方面的软实力，比如说自己是一个特别具有创造性的人，在某一次的会议当中采取了什么样的创新方式来体现会议的特色。

(5) 汇报对象

汇报对象就是你的上级主管，你把工作汇报给谁，这个人就是你的汇报对象。有的人直接向总经理汇报，那么招聘者会觉得这个人的工作也许是非常重要的，当然我们不能说你的汇报对象直接决定了你是一个什么样的人，但是如果你的汇报对象非常重要，确实能够从某一个侧面体现你是一个比较有能力、比较重要的人物。

(6) 参加的活动

即在校期间自己参加过哪些课外活动、学生社团等。

(7) 获奖和奖学金获得情况

这项内容应将自己获得重大奖项和奖学金的情况列举出来。

按照这个模板写出来的简历应该是以下这样的。

Zhang San

Mobile Phone: 86-150-1111-1111 E-mail: zhangsan@ gmail. com

Address: Zhichun Road, Haidian District, Beijing PC: 100000

Date of Birth: Oct 13th, 1988 Hometown: Urumqi, Xinjiang

Education Background

2011. 9-2012. 7	School of Accountancy, Oxford University (1 year master), Oxford, Britain Master of Economics; GPA: 3. 88/4. 0; IELTS 8. 5 overall; full scholarship winner
2007. 9-2011. 7	School of Accountancy, Central University of Finance and Economics, Beijing, China Bachelor of Economics; GPA: 3. 71/4. 0; CET-4: 635, CET-6: 644; 7 times scholarships

Work Experience

2010. 3-2010. 6	Tianjin University Press Editor Intern Proofreading and editting. Be proficient in Microsoft Office and having a sound foundation of consolidating financial statements. Directly report to the supervisor of the editorial department.
2009. 2-2009. 3	HR Department, XX Beverage Company (Beijing Headquarters) Assistant of Staffing Communicating with potential candidates. Together with line managers interviewing and selecting candidates to fill in open positions. Directly report to the staffing manager.

Activities

2009. 10 -now International Debate Education Association Independent Adjudicator

Used to be an adjudicator in: the National English Debate Competition, British Parliamentary Debate Tournament, The International Debate Tournament.

Be able to work in English environment with foreign adjudicators.

Awards

2009 National English Debating Championship — 1st Prize & Best Debater
2008 Outstanding Volunteer, 13th Paralympic Games, awarded by BOCOG
2008 Outstanding Host Broadcasting Award, Beijing
2007 English Language Drama Competition — Best Performer

Scholarships

2010 Outstanding Independent Achievement — Local level
2010 Outstanding Foreign Language Achievement — Local level
2010 Outstanding Involvement in Extracurricular Activity — Local level
2010 Outstanding Achievement in Sports or Arts — Local level
2009 Outstanding Achievement in Sports or Arts — Local level
2009 Outstanding Foreign Language Achievement — Local level
2008 Outstanding Foreign Language Achievement — Local level

以下我为大家汇总了招聘启事和个人简历中一些常见的单词和短语。

表 2-2 称号和奖项

Merit Student	三好学生
Model Student of Academic Records	学习模范
Advanced Individual/Outstanding Student	先进个人
Excellent/ Outstanding Staff	优秀工作者
Excellent/ Outstanding Student Cadre	优秀学生干部

续表

Excellent/ Outstanding League Member	优秀共青团员
Excellent/Outstanding Graduate	优秀毕业生
Excellent/Outstanding Volunteer	优秀志愿者
Advanced Class	先进班集体
Excellent/Outstanding League Cadre	优秀团干部
Excellent/Outstanding Cadre of Student Association	学生协会优秀干部
Excellent/Outstanding Individual of Student Association	学生协会优秀个人
Spiritual Advanced Individual	精神文明先进个人
Advanced Individual of Social Work	社会工作先进个人
Advanced Individual of Culture and Sports Activities	文体活动先进个人
National Scholarship	国家奖学金
National Encouragement Scholarship	国家励志奖学金
The First Prize Scholarship	一等奖学金
The Second Prize Scholarship	二等奖学金
The Third Prize Scholarship	三等奖学金
Individual Scholarship	单项奖学金
Ethic Award	道德风尚奖
High Morality Prize	精神文明奖
Prize for Best Organization	最佳组织奖

续表

Prize for Outstanding Contribution	突出贡献奖
Prize for Creative Working	工作创新奖
Prize for Team Contribution	团队建设奖

表 2－3　各类比赛

Drama Competition	话剧比赛
English Speech Contest	英语演讲比赛
Debate Competition	辩论赛
Basketball Game	篮球比赛
Singing Competition	歌唱比赛
Poetry Recitation Contest	诗歌朗诵比赛
Poetry Creation Contest	诗歌创作比赛
Photography Competition	摄影大赛
Football Match	足球比赛
Mountain-climbing Competition	登山比赛
Courseware Design Competition	课件设计大赛
Venture Contest	创业大赛
Web Page Design Competition	网页设计大赛
Software Design Competition	软件设计大赛
Electronic Design Contest	电子设计大赛
Garment Design Competition	服装设计大赛
Graduation Design Competition	毕业设计大赛

续表

Experiment Skill and Operation Contest	实验技能操作大赛
Chess Competition	象棋大赛
Tourist Skills Contest	导游技能大赛

表 2-4　证书、考试及职位

CET-4（College English Test Band 4 Certificate）	大学英语四级证书
CET-6（College English Test Band 6 Certificate）	大学英语六级证书
TEM-4（Test for English Major Grade 4 Certificate）	英语专业四级证书
TEM-8（Test for English Major Grade 8 Certificate）	英语专业八级证书
Business English Certificate	商务英语证书
Civil Servants Examination	公务员考试
National Mandarin Test	全国普通话等级考试
Japanese Language Proficiency Test	日语能力考试
Business Japanese Proficiency Test	商务日语能力考试
IELTS（International English Language Testing System）	雅思
TOEFL（Test of English as a Foreign Language）	托福

续表

BEC Preliminary Level（BEC Pre.）	BEC 初级
BEC Vantage Level（BEC Van.）	BEC 中级
BEC Higher Level（BEC Hi.）	BEC 高级
National Computer Rank Examination（NCRE）	全国计算机等级考试
First-level Certificate for NCRE	全国计算机等级考试一级证书
Second-level Certificate for NCRE	全国计算机等级考试二级证书
Third-level Certificate for NCRE	全国计算机等级考试三级证书
Fourth-level Certificate for NCRE	全国计算机等级考试四级证书
Guide ID Card	导游证
Guide Certificate	导游资格证书
Accounting Certificate	会计证
Certificate of Accounting Professional	会计从业资格证书
Certificate in Management Accounting	管理会计师证书
Certificate of Certified Public Accountant（CPA Certificate）	注册会计师证书
The Association of Chartered Accountants（ACCA）	特许注册会计师协会

续表

CAD Engineer Certification	CAD 工程师认证证书
Electrician Certificate	电工证
Technician Certificate	技工证
Teacher Certification	教师资格证
Psychological Counseling Teacher Certificate	心理辅导教师证
Customs Declaration Certificate	报关员证
Qualification of Human Resources Practitioners	人力资源从业资格证书
Driver's License	驾驶执照
National Judicial Examination	国家司法考试
Legal Adviser	法律顾问
Assistant Lawyer Certificate	助理律师证
Junior Level Accountant	初级会计师
Medium Level Accountant	中级会计师
Advanced Level Accountant	高级会计师
Certified Public Accountant（CPA）	注册会计师
Certified Tax Agent（CTA）	注册税务师
Economist	经济师
Actuary ·	精算师
Auditor	审计师

续表

Certified International Logistics Specialist（CILS）	注册国际物流师
Certified International E-Commerce Specialist（CIECS）	注册国际电子商务师
Introductory Certificate in Marketing	初级市场营销职业证书
Certificate in Marketing	市场营销职业证书
Certified International Professional Negotiator（ CIPN）	注册国际商务谈判师
Investment Counselor	投资咨询师
Chinese Professional Manager（ CPM ）	中国职业经理人
Certified International Investment Analyst（ CIIA ）	注册国际投资分析师
Chartered Financial Analyst（ CFA ）	特许金融分析师
Certified Financial Planner（CFP）	注册金融理财师
Associate Financial Planner（AFP）	金融理财师
Financial Risk Manager（FRM）	金融风险管理师
Certificate of Securities	证券从业资格证书
Certificate of International Commercial Documents	国际贸易单证员证书
Certificate of Customs Specialist	报关员资格证书
Certificate of Inspection	报检员资格证书
Network Engineer	网络工程师

续表

Software Architect	软件设计师
Database Analyst	数据库分析师
Webmaster	网络管理员
Network Planning Designer	网络规划设计师
Certificate in Electrical Engineering	电力工程证书
Grade 1 Constructor	一级建造师
Cost Engineer	造价工程师
Certified Real Estate Appraiser	注册房地产估价师
Quality Assurance Engineer	质量保证工程师
Urban Planner	城市规划师
Highway Cost Estimator	公路造价师
Budgeting Specialist	工程造价师
Drug Inspector	药物质量监督员
Chemical Skills Certificate	化学技能证书

表 2-5　校运会

The First Prize	一等奖
The Second Prize	二等奖
The Third Prize	三等奖
Men's/Women's100-metre Race	男子/女子 100 米
Men's/Women's 200-metre Race	男子/女子 200 米
Men's 1500-metre Race	男子 1500 米

续表

Women's 800-metre Race	女子 800 米
Men's/Women's Javelin Throwing	男子/女子标枪
Men's/Women's Triple Jump	男子/女子三级跳
Men's 110-metre Hurdle Race	男子 110 米栏
Men's/Women's Shot Put	男子/女子铅球
Men's/Women's High Jump	男子/女子跳高

表 2－6　艺术节

Blog Contest	博客大赛
Calligraphy and Painting Competition	书画大赛
Excellent Correspondent in Military Training	军训优秀通讯员
Advanced Individual in Military Training	军训先进个人
Top Ten Outstanding Associations	十佳社团
Best Popularity Award	最佳人气奖
Best Creativity Award	最佳创意奖
Best Program Award	最佳节目奖
Best Actor Award	最佳演员奖
Best Script Award	最佳剧本奖
Excellent/Outstanding Member	优秀会员
Excellent/Outstanding Organization Award	优秀组织奖
Excellent/Outstanding Group Award	优秀团体奖
Best Debater	最佳辩手

表 2－7　协会

Moot Court	模拟法庭
Oral English Institute	英语口语协会
Calligraphy Association	书法协会
Photography Association	摄影协会
Football Association	足球协会
Basketball Association	篮球协会
Speech Association	演讲协会
Chinese Chess Association	象棋协会
Drama Club	话剧社
Association of Advancement of Mental Health	心理健康促进协会

表 2－8　其他

Student Union	学生会
Youth League Committee	团委会
Students' Association	学生社团
Sports Department	体育部
Arts Department	文艺部
Learning Department	学习部
Girls Department	女生部
Psychological Development Department	心理发展部
Public Relations Department	外联部

续表

Propaganda Department	宣传部
Life Department	生活部
Discipline Inspection Department	纪检部
Secretary Office	秘书部
Organization Department	组织部
Editorial Department	编辑部
President of the Student Union	学生会主席
Secretary of the Youth League Committee	团委书记
Secretary of the Youth League Branch Committee	团支书
Vice Secretary	副书记
Secretary-general	秘书长
Head of the Dormitory	宿舍长
Monitor/ Class President	班长
Vice-monitor	副班长
Recreation & Sports Secretary	文体委员
Study Secretary	学习委员
Life Secretary	生活委员
Publicity Secretary	宣传委员
Organization Secretary	组织委员

续表

Youth Volunteers Association	青年志愿者协会
Reception/ Protocol Team	礼仪队
Comprehensive Evaluation of Students' Performance	学生表现综合测评
Probationary Party Member	预备党员
Applicant for Party Membership	入党积极分子
Excellent/Outstanding Student of Comprehensive Quality	综合素质优秀学生
Art Troupe	艺术团
Welcome Party for the Freshmen	迎新晚会
Broadcasting/Radio Station	广播站
military training	军训
voluntary teaching	义教
job fair	招聘会
social/ public activities	社会活动
extracurricular activities	课外活动
social practice	社会实践
academic activities	学术活动
date of availability	可到职时间
educational background	教育程度
curriculum	课程
career objective	职业目标

续表

major	主修
minor	副修
position wanted	希望职位
marketing research	市场调研
tutor	家教
sales promoter	促销员

3 附件

一般简历是不需要附件的，但是如果公司要求出示，一般可以把各种证书扫描件或者高清照片作为附件附在简历最后，这里就不再赘述了，大家到时候按照公司招聘简章中的要求执行即可。

当然，为了保险起见应该提前准备好各种证书，一般包括毕业证、学位证、英语四六级证书、计算机等级证书以及一些专业的证书，如教师资格证、导游资格证等。

简历写好后，一定要反复检查其中的时间点是否正确，语法是否有误，联系信息是否准确，发现问题立刻更正。

第三天

网络申请

网络申请（网申）一般是指在公司官网或者公司指定的第三方网站回答问题并以附件或直接粘贴的方式上传中英文简历。如果说简历上的内容是以大致相同的格式体现一个人的“硬件”指标，那么网申则可以体现出一个人的“软实力”。网申会考查申请者的英语写作能力和对问题回答的完整性，换句话说，就是对申请者思路的考查。

我个人认为KPMG（也就是大家所熟悉的“四大”之一——毕马威）的网申开放式问题是比较有代表性的，大家可以在其官网找到这些问题。

网申的问题比起电话面试或者一对一面试往往要更长、更细化，通过以下例子大家可以很容易看出两者的差别。

电话面试问题： What kind of leisure activities or social activities do you usually do?

网络申请问题： Please give an example of a time when you developed a new or different solution to a problem. Why did you think the problem needed a new solution? How did you develop the new solution? What feedback did you receive on how it is working? Please give your answer in English.

有些世界500强公司选择年年换题或者至少两年一换，也有一些公司选择以不变应万变的策略用一套考题打天下，比如壳牌石油。网申的问题是“Open Questions”，回答的时候并没有标准答案，但是这不意味着网申问题可以回答得没有章法。

大部分情况下网申问题的答案有字数要求，常见的为200或者300字，有时候可以达到800字甚至更多。在回答网申问题的时候我们一定要切中要害，切记要细致但不是啰唆。

接下来向大家介绍STAR原则，可以帮助大家有效地避免混乱、冗长的回答。

S 代表“情境”，即要表明实际状况怎样；

T 代表“目标”，即表明你在向哪个方向努力；

A 代表“行动”，即表明你做了什么；

R 代表“结果”，即你所采取的行动取得了怎样的效果。

了解这个原则之后，我们来看网申当中比较常见的7

个问题（另有9个常见问题会在本书第四天的内容中讲述）。作答前一定要注意，这部分内容同时在考查大家的英文写作水平，需要注意用词和语法的正确性，尤其提醒大家注意时态，很多人容易忽略这个问题。

1 定义自身价值并用材料证明

Tell us your strength which makes you different from other applicants.（No more than 200 words）

示范答案

I believe there are 3 factors that make me different from other candidates.

Firstly, I have an outstanding communication skill. In the year 2008, I was designated the leader of volunteers from Gansu in the Beijing Paralympic Games. As the leader, I coordinated the living and transportation including financial management for the whole team of Gansu Province. There were more than 20 volunteers from Gansu Province, the work was quite hard and the information was very messy, but I managed to finish my work in time excellently. As a result, I was chosen as the outstanding volunteer for the 2008 Paralympic Games in Beijing.

And secondly, I think I am very patient. I became a teacher when I was 18 years old. And now, I have been teaching for more than 7 years. As a teacher, I have all kind of students. Some of the students are very smart but others are not. For the latter, I have to explain myself over and over again. Sometimes I have to repeat or explain my information in a different way. A lot of teachers will be impatient in that case but I am not one of them.

And lastly, I think it's my perseverance. Many people cannot be persistent in doing things that they like to do and will give up if they fail once or twice, but I am not this kind of people. For instance, I have participated in the CCTV English Speaking Competition for three years. For the first 2 years, I failed, but I didn't give up and in the third year I was No. 1 in my university level competition and awarded first prize of Gansu Province.

答案解析

在回答这个问题的时候还是要注意 STAR 原则。比如，说我的第一个优点是善于跟人交流，但不能光说这么一句话，可举例说在 2008 年北京残奥会时我作为志愿者，被选为了队长，顺利协调了甘肃二十多名志愿者的生活以及工作，包括物资的发放、钱财的管理。这实际上就是用一个事实来证明我善于跟人交流。先描述了情境——2008 年北京残奥会的时候；然后描述了目标——作为队长我要负责钱财的管理、物资的发放、工作时间的协调；再描述行动——非常圆满地完成了任务；最后是结果——我完成了使命，并且获得了奥组委的奖励。下面讲我的其他两个优点也同样遵循了 STAR 原则。

2 有关团队合作及其实现

Please describe your most recent experience of working with and/or leading a team. What was the project and what was your role? What objectives did you set and how did you ensure all the team members worked together to achieve them?

示范答案

My recent theam-work experience was working as the chairman of the Silkroad English League. We held all kinds of competitions, such as English Debating Competition, English Speaking Competition, English Drama Competition and so on.

The project that I want to talk about was the English Debating Competition in Gansu Province. I was the director/ chief adjudicator of the team. I must ensure that each member in our league had something to do and they were responsible for that thing. For instance, we had a volunteer chief, a convener and a trainer.

Because it was the first time, things were harder than it should have been. In 2012, in order to hold a successful competition, we managed to recruit more than 20 volunteers from all the universities, and we also had a lot of posters to put up in every corner of all the universities. And we even had a sponsor, which was Foreign Language Teaching and Research Press. At last, we successfully organized 32 teams in time and we had a qualified adjudication team with a trainer from the Northwest Normal University.

We had to make balance between the schedule and the funding. The organizing committee made several compromises due to the lack of money. For instance, we had planned to put up more than 20 posters in all the participated universities and invite 30 adjudicators. Due to the lack of funding, we couldn't afford the reimbursement, so we had to recruit more domestic adjudicators rather than international adjudicators. In this way, we could have enough posters and adjudicators at the same time.

The competition was recognized as the first English Debating Competition in Gansu and was reported by a number of local newspapers.

答案解析

其实这类问题主要是在考查候选人的领导能力以及承担风险的能力，因此，在回答这类问题的时候，大家一定要写出来自己所参与或领导的团队是什么，自己主要负责什么工作，工作量的大小以及工作的难度，遇见的问题及问题解决途径和结果。

大家可以看到我在这里的示范中描述了 2012 年“丝路英语联盟”组织的甘肃省大学生英语辩论赛活动，因为我担任该联盟的主席及本次大赛的总裁判长，所以这次比赛的很多内容都是由我负责的。在筹办中包括联系赞助商、评委沟通等工作是非常难以协调的，又因为这是第一次举办的活动，很多事情都没有落到实处，所以大家都有很多的不确定感，这其实是很令人为难的。在这样的条件下，我们依然取得了成功，并获得了当地学校及媒体的称赞。从这个事实就可以证明整个团队的成功，再通过对自己工作的一些描述，招聘者更可以体会到我在团队中的积极影响和作用。

3 挑战性的目标及其实现

Give me an example of an important and challenging goal / objective you have set in your study / research or in the project you have involved. Why did you set this goal? What obstacles did you face? How did you overcome these obstacles?

示范答案

In the year 2012, I started one online TV series of the Simulation Test of IELTS Speaking. It was very difficult and had never been done before, because the course that I set up contained answer and comments for each question.

For every question, I stopped the video and explained the question to the audience, such as the purpose of the question and how it should be answered. I also explained whether the answer from the candidate matches with the purpose of the question.

As this series was a completely new idea, I had to do some research. I started with the question structure of the examiners and recruited 5 different students, the score of them varied from 5.5 to 8.5, and each one of them represented a different level of the IELTS Speaking scores.

I not only had to create the whole chapter of this Simulation Test, but also needed to balance the schedule of mine, the studio and the students. It was quite a challenge for me, but I finally managed to squeeze time from all of us.

Eventually, this project is very successful and well commented.

答案解析

如果大家遇到了这样的问题，首先要理解它的核心，那就是创新能力、主动性、冒险精神和求胜心理。有一些工作对于这些特质的要求是非常高的，比如销售工作。

在这段示范中，我首先描述了自己开创的雅思模拟点评视频系列，说明了这个视频系列的独创性——能够让学生明白每一处值得学习借鉴的地方和需要改正的地方，然后描述了制作视频的困难以及如何克服，包括研究考官发问方式以及协调视频三方主要参与者的时间等。

大家一定要描述自己这种创新的内容对于原来的内容有什么样的改善或者加强，通过这样的描述，招聘负责人就会了解你的创新能力。当然在创新的过程当中我们会遇到一些困难，不妨谈谈自己是如何克服这些困难的。

4 应变能力考查

In no more than 300 words, please tell us a recent situation when you have to make, raise or save money, or maximize the results you achieved with available resources. What was the situation? What did you do? What was the outcome?

示范答案

Last month, I had to raise money for the English Drama Competition in Gansu Province. It was a really hard procedure because the situation kept on changing all the time. I could not find any sponsor at first and I had to contact a number of different companies and media.

At first the negotiation was quite difficult, but it got much better after I fully explained the purpose of this English Drama Competition: If students have talents in drama, they should be given a chance to show them.

So that's the reason why the sponsor was finally convinced by me and agreed to offer more money than I had expected.

答案解析

这类问题考查大家的应变能力。在回答的时候可以先写出为什么例子中的情况是比较容易变化的，然后可以描述这样的变化导致了什么样的问题，最后当然可以说一下自己是如何应对这样的变化的。

在我举的例子中，首先我说到了情况的多变以及我不得不接触多个可能的赞助商，包括公司和媒体单位，其次我说到了为了说服赞助商，我阐述了比赛的初衷和意义，因此这家赞助商从不理解到理解，我们的合作取得了成功。

大家也可以从自己的个人经历中选出这样一个例子，通过具体事例成功地把自己的应变能力展现在招聘者面前。

5 创新性计划及其实现

Give an example of a time when you were able to come up with new ideas that were keys to the success of some activities or projects.

示范答案

I used to suggest a new feature for a competition

that I participated in.

My suggestion was at the final round of this competition we invite and interview a few Human Resource Managers from some Fortune Top 500 companies. The reason was that all the contestants were from universities and they never had a chance to communicate with the high-level managers or supervisors from Fortune Top 500 companies. In the process, the Human Resource Managers from Fortune Top 500 companies were very generous to share their experience with the contestants in the final round.

With this interview, contestants were more willing to come to the competition. We had very positive feedback from the audience and the contestants. They gained the competition skills and the experience of the Human Resource Managers.

What's more, a lot of newspapers and websites reported the finale of this whole event as highlight news.

答案解析

在这个问题上我再次遵循了 STAR 原则。大家可以发现，一旦遵循了 STAR 原则，很多内容就会变得条理清晰起来，并且一定要在描述中着重体现创新之后显而易见的效果。

比如我提到在一次比赛中，我建议可以邀请世界 500 强企业的人力资源经理来到总决赛的现场并对他们进行现场采访，这样我们可以为选手提供一个与高端职场人士交流的机会。后来的事实证明这个建议收到了良好的效果，现场观众和选手们都非常热情，各方面的反馈也都非常积极，更重要的是我们赢得了传媒的关注和支持。

有了这样的描述，招聘负责人会很直观地了解创新的建议是什么，建议具体的实施情况以及结果和成效等。

6 定义某项事物

Ask some older people to identify the key to success, and they are likely to reply " hard work". What are your comments? What do you think are the essential " qualities " that the young job seekers lack in being successful in their career development?

示范答案

Many older people would like to define success as hard working, but I think it is only a small part of success nowadays. Because I believe the definition of success requires at least three words.

Firstly, success means hard working. That is the basic foundation. If you don't work hard enough even if you have an opportunity to do something, you won't be successful.

Secondly, I think it is the opportunity. For a lot of under-privileged students, although they work really hard, since they don't have the opportunity to show their talents, nobody will notice them. I think finding the opportunity and seizing it is very important for everybody. If you have no opportunities, then it is really hard for you to be a successful person.

Lastly, success requires creativity and innovation. If people are lacking of innovation, it will be very hard for them to create something new except following other people. When people are only a follower, they will not be a successful person eventually.

答案解析

这类问题的考查点着重在两方面，第一是考查对于事物的认知和定义的能力，第二是考查阐述问题的能力。

说到成功，大家可能会说成功意味着工作努力，当然努力必不可少，但是想成功还需要其他条件，所以我们在肯定老一辈的观念的同时，不妨加入自己的观点，这样不仅让自己有话可说，更显得有极强的逻辑性和包容性。

7 抗压能力考查

Describe a time when you had to make an unpopular decision and get others to commit to it. What was the decision and what steps did you take to "sell" your decision? What was the outcome?

示范答案

I had to make an unpopular decision when I was in my university. It was an unpopular decision for the whole team.

I was in charge of the poster-making for a competition. Because I have other things to do, I let a team design the posters. But when the team member came back with the result three days later, it was very unpleasant. I thought the poster was ugly and not well-designed. The whole team, even my supervisor, thought it was fine and acceptable.

When I told my supervisor that this poster had to be re-designed, the team was very angry and my supervisor was not very happy. But I told them if the poster was shown to our teacher, he would be angry with all of us.

At last, I successfully persuaded them to design the poster again with my creation. I told them how it should be designed and they followed my idea. Eventually, the poster was very beautiful and our teacher was very pleased.

答案解析

这个问题目的是考查一个人能否坚持自己的正确决定，哪怕这个决定一开始并不被大家认可。

我在这里提到了一个非常简单的例子，就是我在大学期间的一次经历：在全体成员都满意的情况下，我对海报的设计提出了质疑，并且要求重新设计。我向大家解释了原因，得到大家的理解后这件事情得以解决。

以上内容就是网申环节常见的一些问题及回答的一些侧重点。

大家一定要注意，网申很大程度上是叙述自己的经历，所以一定不要去网上寻找所谓的模板，而是要观察问题，了解问题的考查点，发现其本质，然后凭自己的经历来回答。我写的示范只是为了让大家参考一下问题的形式和回答要点，实际当中大家一定要结合自身经历去完成自己的网申。

第四天
电话面试

今天我们要说的是电话面试环节。如果说网申是我们跟公司远程互动的开始，那么到了电话面试就应该是远程互动的最后一个环节了。如果在之后的筛选工作当中，公司觉得你是一个比较优秀的人才，那么你就会进入到近距离的一对一的或者一对多的面试活动。

我们在简历上会发现有一些候选人，他们的硬性指标是差不多的，比如说他们都来自 211 或者 985 的学校，都通过了英语六级考试，甚至雅思或者是托福的成绩都不相上下。可是在一对一面试时，我们会发现这些候选人交流沟通的能力是有很大差别的，而电话面试实际上是把这种实力过弱的候选人淘汰的一种方式。

公司一般会通过电子邮件提前通知电话面试的时间或方式，时间一般都是在工作日上午九点至下午五点，更常见的应该是上午九点到下午四点，因为五点钟已经处于快下班的时候，除非公司非常着急招人，否则一般不会安排在这个时间进行电话面试的。这里我将 MSN、QQ 面试也归入电话面试。

电话面试的应用范围是非常广泛的，除了世界500强企业喜欢使用这种方式，一些非政府组织，还有一些志愿者的活动，甚至是一些国外大学的面试都会采取这样的方式。

1 电话面试前的准备

(1) 寻找和营造安静、整洁的面试环境

电话面试过程中只能通过声音让对方了解你是一个怎样的人，因此你必须选择一个非常安静的环境，不可以有宿舍的舍友在吵闹、操场上打球的声音、突然响起的手机铃声，也不可以有公交车或者是出租车狂按喇叭的声音。

大家会发现办公室、自习室或者图书馆往往是比较不错的选择，当然前提必须是在不打扰别人的情况下选择这些地方。如果你霸占了一个自习室，就需要向其他同学说明情况，不要让大家随意进来。

如果能够在家里进行电话面试当然是最理想的环境了，因为自己的卧室往往是非常安静的，不会有任何人来打扰。

如果是QQ或者是MSN面试，对方可能会要求和你视频通话，这时你的衣着还有你的房间的整齐程度都是非常重要的，关于衣着的问题可以参照本书第九天的内容。房间一定要非常整洁，千万不要让面试的考官通过摄像头看到房间里到处堆满脏衣服，这是一个非常不雅观的情况，肯定会给你的电话面试造成负面的影响。

（2）简历放面前

本书第二天的内容对如何写简历作了指导，所以大家已经写出了非常符合自己个人情况且突出自己特点的中英文简历。现在需要你把中英文简历放在电脑桌上。为什么要这样做呢？因为考官可能会问一些跟你的简历相关的问题，有些问题涉及了时间或者地点，你记忆模糊一时语塞就会给人一种思维不连贯的感觉，因此把简历打开来放到桌上，考官问你这类问题时可以瞄一下，这样就可以保证时间和地点的准确性。千万不要说跟自己简历内容不相符的话。

（3）准备好问题清单

一般的面试都是双向的，因此虽然在电话面试的时候对方会问你很多问题，但最后他很有可能会给你留下两三分钟，来让你提一些自己想要了解的有关公司的问题。为此我们可以准备三到五个问题写在一张清单上面，然后把它也放到手边，如果有机会让你来问问题，你就可以从清单上面选取问题。

当然，电话面试过程中你问的问题不要太深入、太具体，因为电话面试只是一个前期的面试，你提的问题最好是与应聘职位有关，或者是有关这家公司的具体情况，而不是一些跟你切身利益过于相关的问题，比如说入职以后会享受什么样的待遇（如果对方问这类问题你可以据实回答，但如果是你问他的话，这个时候就会显得有些早了）。

（4）控制好自己的语速和声音

如果你说话过快，对方很有可能听不清楚你说的答案，因此一定要以适中的语速向他娓娓道来。当然你的语速也不能过慢，那样会给人一种非常不自信的感觉，而且还有一种潜在的感觉就是你这个人的反应比较慢。

电话面试时虽然对方看不到你的表情，你依然要保持微笑，这样你的声音会给人一种非常愉悦和开心的感觉。当然大家不要随便搞幽默，如果你说了一些比较不雅观的或者是不能够被对方所理解的幽默内容，实际上是在给你的电话面试减分。

在电话面试的时候如果声音嘶哑，也会给人造成一种不好的感觉，尤其是给人一种身体不健康的印象，因此电话面试前最好准备好一杯水，当感觉到自己的声音要嘶哑时赶快喝口水。注意这杯水不要太满，这是因为有些人在电话面试的时候非常紧张，很可能一不小就把这杯水洒了，而你的简历、问题清单、电脑全在桌子上，你把一杯水打翻在这张桌子上，可想而知结果是多么的灾难性，所以准备小半杯水就好。

另外，正式开始之前的半个小时，还处在我们的准备环节，这个时候大家就要再测试一下自己的设备有没有问题。曾经有同学在电话面试前的十分钟突然发现自己的QQ不知道因为什么没有办法登录了，等他跑到同学家再登上QQ的时候，电话面试的时间已经超过十分钟了，这会给对方留下较差的第一印象。

2 电话面试过程中的注意事项

开始电话面试后，有以下三点注意事项。

第一，当电话铃响起，最好是响两声的时候再接电话，接起来之后说“你好”一定要声音清晰，给人以亲切感，要带着笑意。

第二，一定要准备一个非常流利的自我介绍。自我介绍不仅在电话面试的时候要用到，之后的一对一面试、小组讨论等环节都很可能用到。

自我介绍应该包含以下几点。

姓名。介绍自己的姓名时，很多人只简单说“我的名字叫×××”。其实有些人的名字带有美好的寓意，比如说叫“琳”的人，自我介绍的时候就可以说“我叫张琳，琳是玉石的意思”，以给面试官留下更深的印象。

年龄。年龄以我们身份证上的出生日期为准。面试官对你的回答，都会与你的简历内容来核对，而简历上写的出生日期一定要跟你身份证上的出生日期吻合。

专业。你在介绍完了自己的专业之后，可以简要地

（注意一定要简要）提一下你所学过的课程有什么。

学校。如果你的学校是非常知名的学校，比如说清华大学、北京大学、香港大学等，就只需要提一下名字就好。如果你的学校不是非常知名，你可能要稍稍提一下这个学校，如坐落在哪里、有哪些特色专业等，当然，注意这个介绍一定要简短。

对于应届毕业生而言，额外的加分点有两点。

1）什么时候可以拿到毕业证。一般的学生是不太会想到这一点的，可是这一点实际上非常关键，一个企业想要雇佣你并跟你签订劳动合同，你必须要顺利拿到毕业证之后才行，因为没有拿到毕业证的学生是不可以签订劳动合同的。

2）什么时候可以实习。有很多的公司或者非政府组织，都希望学生在毕业之前先感受一下自己的文化，因此如果你所面试的单位提供了这样一个机会，你又正好有时间，其实对于你们双方都是有好处的：对于单位来说，可以看一看你是否符合要求；对于你来说，也可以通过这个简短的实习来感受一下单位的文化是否跟你所想的一致。

面试官如果听到你说的这些内容，他们会觉得你是一个思维非常缜密并且十分积极主动的候选人。

第三，说明自己的兴趣爱好。公司在招人的时候，并不希望招一个书呆子或者说只会学习的人，而是希望招到一个合适的、有兴趣爱好的、可以为公司带来新鲜血液的人。每一个人都会有兴趣爱好，可能是美术，可能是音乐，甚至可能是打篮球，这些兴趣爱好都非常可取，所以可以简单提及。如果这个兴趣爱好是你长期学习后培养的或获得了一些等级认证或者奖项，那你也可以顺便提一下，比如说学过十二年美术或者学过八年钢琴，甚至是得过全国美术比赛几等奖或者是考过了钢琴几级，这样的兴趣爱好都是非常拿得出手的。

3 电话面试中9个最常见的问题及经典回答

Question 1：Please make a self-introduction about yourself.

示范答案

Well, good afternoon. My name is Xie Shaodong. I come from Northwest Normal University. My major is education of biology and science. And I like my major very much.

I am twenty-four years old, and I will graduate from my university in this July. But before that, I have plenty of time to be an intern. So if your company needs any assistant or help, I could be there.

I have a lot of hobbies. For example, I have studied

painting for 12 years and I won the national first prize for three times. I like Tae Kwon Do and I have a greenbelt.

答案解析

自我介绍一定要练习得非常熟练，并让人觉得你是非常有活力的一个人，有自己的兴趣爱好和特长。

Question 2：Why do you want to come to our company?

示范答案

Well, because I choose this position to help me to become an excellent salesman.

Before applying for this job, I have already done a little research about your company. And I found out your company is the biggest company in this industry. And it has a promising future.

Besides, just like I mentioned, I want to become an excellent salesman. I know your company has a lot of amazing training programs for sales department. So I think it will be a prefect start for me to become a successful sales manager.

答案解析

这类问题的本质都是相同的，就是想要考查应聘者对于本公司和所应聘的工作了解多少，以及其想要进入这家公司的目的与这家公司想要聘用这位候选人的目的是否相吻合。如果大家能够很好地掌握本书第二天的内容，把当时准备的内容答出来，这个题目就能回答得非常好了。

Question 3：Could you tell me something about your advantages and disadvantages?

示范答案

Well, I think I have several advantages.

First of all, I am very responsible. I am the leader of some different departments. I was the leader of the Charming Club. That is an English corner. I started it and I run it for more than a year. I took charge of the activities, such as the selection of the topics, and a lot of other events of the club. And also I am a successful reporter of our school radio station. I interviewed a lot of famous people. Although sometimes I had to stay up late, I always finished my report.

And secondly, I think I am very patient. You know,

my major is education of biology and science. So I have taught a lot of kids. Some of them are very clever. But some of them are not. Most of the teachers will get very upset and frustrated when a student can't get their idea after they repeat it three or four times. But I will still be patient and use a different way to explain the same idea to the students. So my students always get good scores.

And thirdly, I think I am a very creative person because my hobbies are painting and Tae Kwon Do, which are very different. But they are both very artistic. I can draw beautiful pictures and do a lot of Tae Kwon Do stunts.

But I have one disadvantage, which is sometimes I get a little bit rush in the program. When some of my colleagues or classmates can't finish their jobs in time, I will be a little bit upset and angry. That is my biggest disadvantage.

答案解析

"请介绍一下自己的优缺点。""我们为什么要聘用你?""请用三个词来概括你自己。"其实这几个问题是非常相似的。

我建议大家一定要有的放矢地来回答这些问题，千万不要一味强调自己各方面都是优点，比如说自己学习很优秀，课外活动非常多，但就是绝口不提自己的缺点，当然你也不要太老实地列举出自己的各种缺点，而是可以说一些让人觉得略有一点点小问题而问题又不严重的缺点。

比如，我有一个学生，她有很多的优点：学习成绩非常好，课外活动非常丰富，参加过法网女子网球公开赛的志愿活动而且还得了奖。在这样各方面条件都很突出的情况下，她有什么样的缺点呢？我最后给她总结了一条，就是她这个人比较急躁，比如当跟她在一个团队的人不能够按进度完成自己的工作时，她就会着急，变得没有耐心。大家想一下，这个问题虽然说是她的缺点，但是面试官可能会觉得这对于公司项目的顺利进行是有好处的，她实际上就是推动项目按进度完成的一个角色，所以这样的缺点是面试官想要听到的缺点。大家千万不要说自己经常迟到、不守时，也不要说自己笨手笨脚的，这些其实是一些本质的、大的缺陷，你很有可能就会因为这些原因没有被录用。

Question 4：What kind of leisure activity or social activity do you often do?

示范答案

Well, I have participated in a lot of social activities,

such as volunteer work. Sometimes it's the job about language service, and sometimes it's about training courses. I was the volunteer for 2008 Beijing Paralympic Game and was chosen as the Outstanding Volunteer by BOCOG.

And I like swimming now. I recently have learned how to swim and I think it is very cool. The swimming club in my community is very good. The members are very passionate and kindhearted. We always go out for dinner after swimming.

Besides, I love to watch foreign movies. It is a very cool way to spend the summer night. I like the old movies most, such as *The Rome Holiday* and *A Streetcar Named Desire*. I think they have more sense of art than today's movies.

答案解析

这个问题是专门为那些在自我介绍中没有提自己的兴趣爱好、参加过什么公益活动的人准备的，因为面试官还想要了解一下你的私人时间和生活是怎样安排的。我在这里特别建议大家说一些公益的、大型的、需要跟别人合作的项目或者活动。有一些人说喜欢潜水，我们不否认潜水是一项很酷的休闲娱乐活动，但这个休闲娱乐活动没有任何需要跟人交流的环节，并不能说明你与人交流的能力或者团队协作的能力如何，像这样的休闲娱乐活动是不能给你加分的。你可以说一些团体运动，比如说乒乓球、羽毛球、足球、篮球、排球，或者你也可以说自己喜欢参加接力赛跑。一般的兴趣活动还包括一些音乐类和美术类的活动，可以说你参加了学校的管弦乐队，也可以说你参加了学校的美术社团，跟大家一起出去表演或者写生。如果这些活动你也没有参加过，那还可以说你参加的一些志愿活动。

Question 5：What kind of expectation do you have in your job here?

示范答案

I have plans for my future. I have a two-year plan and a five-year plan.

For my two-year plan, I want to be a qualified salesman in our company. I'll try my best to take in charge of the key account customers and set sales record.

For my five-year plan, I want to be a supervisor or manager. I think if you don't want to be a manager, then you are not a good salesman. But before that, I will try my best to understand the differences between sales and marketing in our company. So I can be an outstanding manager in sales.

答案解析

这个问题跟第二个问题的差别是比较明显的，第二个问题是问你对公司是否了解或者说你应聘的原因，而这个问题是问你在对公司了解的基础上有没有什么长期的职业规划。

在这里向大家提出一个建议，最好提出一个两年或者是五年的职业规划，比如说如果进入一家财务公司，像“四大”这样的审计公司，两年的规划应该是考过特许金融分析师（CFA）资格考试；五年的规划可以说在考完CFA的基础上，希望成为一个比较有经验、成功或者成熟的职业经理人。如果你想要进入一家公司做销售工作的话，可以说希望两年之内成为管理大客户的销售人员，五年之内成为主任或者经理级别的金牌销售员。这样回答的好处是告诉面试官你在了解公司的基础之上对自己有一个良好的预期和打算，希望自己能够顺利成长，并且你的规划是非常脚踏实地、一步一步的。

Question 6：What's your favorite subject in your university?

示范答案

Human Resource Management is my favourite subject, althought it is not a compulsory just an optional course.

The teacher who taught this course was very kind and experienced. She was a very beautiful teacher and she taught us not only the knowledge on how to become a qualified HR specialist, but also how to treat people nice and solve the problems at the same time. Most importantly, she let us know how to be a good person and good employee. And I think I have benefited a lot from this teacher.

答案解析

"你最喜欢的大学课程是什么?"("你最不喜欢的大学课程什么?")这个问题实际上是和学习相关的。如果你的学习成绩好的话，你可以介绍一下学习成绩。比如说，你的大学毕业综合排名是本专业第三，那么你就可以提一下这个名次。如果你的学习成绩一般，我不鼓励你进行这样的介绍，直接回答问题本身就好了。

喜欢某门科目的原因可以有以下几种：第一，这门科目跟你以后所要从事的工作密切相关，能帮助你在未来的职场上有更好的发展；第二，教这门科目的老师非常有经验，他不仅教你知识，还教会你很多与人打交道、沟通的技巧，为人处事的方法和方式，因为你非常欣赏这个老师，所以也就非常喜欢这门课；第三，你们学校的这门课是全国高校中的精品课，你学完之后觉得自己的专业素养有了非常大的提升。

这三个理由无论在哪门课中都可以列举，是非常好用的万能模板。而有些理由很不好，比如很多人说我喜欢这门课是因为这门课的老师不点名，或这门课很容易拿高分。我们一定要体现我们有清晰的头脑和认识，不能把拿高分和老师不点名作为理由来阐述自己最喜欢哪门科目。

如果面试官要你谈不喜欢的课程，你的原因一定要合理。比如说，老师会有讲错的地方，因为不喜欢老师而不喜欢这门课程，也可以说这门课程跟你大学毕业后的工作完全不相关，课程的设置实际上不合理，等等。

Question 7：What can you bring for our company?

示范答案

Well, I have a lot of things that I can share with people.

For example, I used to be an intern in different companies in my junior year and senior year in college. They are Fortune Top 500 Companies. Last summer holiday I did a marketing internship. I learned how to design a questionnaire and analyze the statistics of the questionnaires.

And of course, I learned how to use PowerPoint, Excel and Word. I am very familiar with them.

答案解析

其实这个问题的核心是问你的工作经验。有很多人以为非要说出一点工作经验才能给自己加分，但事实并非如此，不同公司有不同的要求，有的公司会希望自己的新员工有相关工作经验，有的公司就希望自己的新员工是一张白纸，不要被任何一家公司的企业文化或者规章制度浸染过，这样就好把自己的企业文化和规章制度的精神灌输到这个员工身上。因此大家据实回答就可以了。

建议大家以关键词的方式来回答问题，比如说在一次实习当中，你负责了一项市场投资项目，你可以说自己学会了三种技能：办公软件的使用、调查问卷的设计、市场数据的分析，每说完一条之后要进行简要解释。

针对这个问题大家一定注意尽量不要说一些空话、套话，很多人会说我能为公司带来热情，能为公司带来新鲜活力，当然这些话听起来很好听，可是没有任何实际意义和价值。一定要遵循 STAR 原则，你的实习经历和工作所学就是你能够为这家公司带来的东西。

Question 8：Do you have any expectation in the salary and extra benefits?

示范答案

Well, I'm just a graduate student from college, so I don't expect very much.

It's maybe 3, 500 to 4, 500 RMB. I think it is very reasonable. You know, I'm not a local person, so I have to rent a flat and cook for myself. The local students may live at home and eat with their parents, but I can't.

For extra benefits, I really didn't think that much. Maybe the health insurance and pension as well as other basic insurance are enough. I think it will be great if we have extra benefits, but if we don't, it is also acceptable.

答案解析

如果面试官问你的薪资要求，最好不要用一个数字来卡死，而是有一定的浮动范围，比如说希望自己的薪资是

3500 ~4500 元，这样的一个范围既给面试官一个回旋的余地，也给你自己更多的面试机会。

当然大家最好能够提前了解一下所应聘职位大概的薪资范围，以防自己提出的薪资范围不符合公司的薪资体系。比如，有些人应聘的是文员，开口就要月薪 8000 元，这是不可能的，因为大家都知道文员的月薪就是 4000 元左右。

这个问题的第二点比较有技术含量，问的是除了工资你还希望有什么福利，如果大家对这些不了解的话，可以参考本书第十三天的学习内容。

Question 9：Do you have any questions?

示范答案

Yes, I have three questions that I really want to ask.

First of all, I'd like to know if you have any plans about internship or practice before I graduate.

Secondly, I'd like to know what kind of training course you will provide for new employees and the evaluation system of the company.

Lastly, I'd like to know the location of my job and whether I will travel a lot.

答案解析

大家在回答此问题时不妨提下列类似问题。

1）公司对新员工有哪些培训。问这个问题是非常有好处的，第一你可以知道你在进入公司以后会经过哪些方面的培训，朝哪一个方向发展；第二向面试官表明你非常想知道公司对于新员工是否非常重视，面试官也会觉得你是想长期待下去才会问这个问题。

2）公司对于新员工的考核标准是怎样的。这个考核标准指的是新员工入职之后需要通过什么样的考核才能成为一名正式的员工（其实成为正式员工之后如果想要升职的话，也是需要问这个问题的）。一个有良好企业文化的公司必定有良好的评估体系，而有良好的评估体系才能保证员工良好的职业发展，因此这个问题是绝对要问的。

3）自己的工作地点会在哪里。大家都知道很多外资企业的工作地点是很不固定的，如果你想去其他城市工作，比如说想要离开西安到北京，你要问以后是不是在北京工作；如果你是要找在北京的工作还可以具体问一下在北京的市区工作还是要在郊区工作，因为北京很多的世界500强企业都是生产快销品的企业，会将工厂设立在北京的郊区，比如说大兴、房山、密云、延庆、顺义等地方，你在市区工作和在郊区工作是很不一样的，路上花费的时间、耗费的精力都不同，因此一定要问清楚，然后再决定自己要不要来这家公司。

最后再给大家提供一个补充的问题，就是可以问公司希望自己什么时候入职或者公司是否希望自己提前到公司实习一小段时间，如果有实习，你就可以主动跟面试官预约一下实习时间。

突然袭击实际上是一种比较特别的情况，是指当一些公司看到你的简历觉得比较满意时，面试官会直接拨打电话来与你进行沟通，而没有通过电子邮件提前通知。有的时候面试官突然打来电话说："你好，我是××公司的招聘主管，我的名字叫××，我想要跟你进行一个电话面试，你现在是否方便说话？"而此时你正挤在地铁一号线里，怎么办？

你此时可立刻回答："你好，但是我现在在地铁里可能会听不清楚您讲话，不知道方不方便另外约一个时间进行电话面试？"这个时候听一下对方的反应，如果他说可另行安排时间那么你就可以放心地跟他约好时间，然后在约定的时间段找一个安静的地方等电话打来。如果他说"不好意思，我们可以现在沟通吗？"那也没有关系，你可以马上在最近的车站下车，尽快找到一个相对安静的环境，跟他进行电话面试。这个时候就没有办法过多挑剔了。

大家注意，其实我们的电话面试一般情况下往往是在简历投递之后的两周到四周开始的，有的时候可能会稍短，大概在一周左右，因此在简历投递完毕之后，心中就应该有所准备。

这些就是电话面试的全部内容了，希望大家在电话面试的时候一定要表现出自己优秀的一面，同时一定要诚实，只要做到这些，电话面试还是比较容易通过的。

第五天

人格测试

结束了前面四天的学习内容，大家与公司的远程互动实际上就告一段落了，之前公司对你的印象都是停留在书面的认知和声音的识别上，从今天开始，大家会学习与公司招聘负责人面对面交流的各种技巧。

首先，需要说明的是，今天的学习内容不会是每个求职的朋友都会遇到的问题，因为人格测试往往是为一些特种职位或应招聘部门主管的特殊要求而进行的一种面试，比较常见的测试对象包括各大航空公司的飞行员、长期在人烟稀少的地方（比如海上油田）工作的技术人员、救援队员，当然还有一些与财务相关的工作人员，比如审计或会计等。

大家不要把人格测试简单理解为对人品好坏的反映，它能反映的内容比我们想象的要多得多。

1 人格测试的作用和目的

人格测试的作用和目的是让你避免“美丽却夹脚的红舞鞋”。

大家一定要明白，性格没有好与坏的差别，测试的目的只是反映最真实的自己，而不是别人所期待的你。我们面临任何情况时都会有一定的自然倾向性，所以在面对人格测试的时候，选择最自然、最不假思索的选项就可以了，请一定记住对于人格测试来说，任何选项都没有好与坏之分，也没有“正确”答案之说。

其实人格测试是一个双赢的测试：首先，对于企业来说，可以通过这种方式准确找到合适的候选人；其次，对于候选人来说，他们也能通过这种方式知道自己是否适合即将从事的工作，从而避免贸然选择一个自己其实不喜欢或不适合的职位。

很多人为了进入自己心仪的公司不辞辛劳、不计成本，也许在面试的其他环节这些都是可以理解并被接受的，但是在人格测试这一环节，我奉劝大家不要这样，主要是因为这样只会对大家的职业生涯造成危害。

我有一个好朋友叫 Katy，性格非常活泼开朗，她大学时的理想工作是做审计工作。毕业前夕，为了进入某家心仪已久的会计师事务所，她专门通过关系找到了这家公司的人格测试题目并提前备好了答案，所以她通过了严苛的测试顺利入职。但是随着时间的流逝，初入职场的喜悦被迷惑所代替了，她发现这份工作除了整晚加班就是一堆堆的报表，看着隔壁工位同时入职的同事自得其乐做得津津有味的样子，她发现自己的性格实在不适合做这样的工作，所以勉强工作了一年之后（这还是比较有职业道德的表现），她最终还是辞去了这份花费了许多精力得来的“美丽却夹脚的红舞鞋”。

可见，红舞鞋虽美，只有合适的人穿着才能幸福，不然只会为自己徒增烦恼。对于人格测试一定要抱着真诚的态度去面对，我想 Katy 一定十分后悔自己没有诚实地对待自己的人格测试，不然她早会发现自己其实并不适合做审计的工作，也不会在自己不适合的工作上浪费一年的青春了。

世界500强的人力资源经理为我们总结了一些在人格测试上弄虚作假带来的坏处。

第一，压力过大。其实有些工作本身也许难度不大，可是与员工的性格匹配度太低，结果造成员工的压力过大，并导致情绪低落。就像你非要让长颈鹿吃长在地上的草，长颈鹿没有错，草也没有错，是这种搭配出了问题。而人格测试就是为了避免这种现象的发生而产生的。

第二，健康问题。这其实是上一个问题引发的结果。我们见到过很多这样的例子：同一个部门的两个人，工作量差不多，都经常加班，一个人因为性格与工作的匹配度高，所以就做得很开心，而另一个人因为性格实在不适合，结果压力过大而导致了健康问题。

第三，员工关系问题。人格测试的意义还在于为公司找到适合公司企业文化的员工。比如有些公司希望员工能有很多的创意，而有些公司则需要员工严守公司的组织纪律，那么进错了公司就是进错了社交圈子，尤其是当你鹤立鸡群的时候，自然会引发同事的猜疑、揣测，给自己带来许多困扰。

2 人格测试的形式

大家常见到的人格测试实际上有三种形式：问卷调查（Questionnaire）、情景模拟（Simulation Observation）、事件访谈（Situation Interview）。

（1）问卷调查

问卷调查实际上是一种高效率、较准确的测试方式。我们比较熟悉的百事可乐、诺基亚、箭牌、玛氏甚至一些咨询公司等世界500强企业，都在使用这种方式筛选它们的管理培训生。

问卷调查题目的形式往往是这样的：

问题1. 你觉得自己是一个很外向的人吗?

A. 非常　B. 比较　C. 一般　D. 不外向

题量往往是半个小时要做完几十甚至上百道题目，汇总答案进行评估，就可以得出关于答题人性格的大致结论。

但是大家也都知道问卷是一种可以作假的测试方式。比如答题人了解到这家公司这次招聘需要比较外向的人员，那么他很有可能在反映这种性格特征的题目上要要小聪明。为了避免这种不诚信的行为，许多公司所使用的问卷都采取了反复、多层、短时、高压的方式来获取真实数据。而且就像我之前说的，在这一环节要小聪明对大家的职业发展没有任何好处。

那么我们在做问卷调查的时候，除了要诚实之外还应该做到哪几点才能得到准确的数据呢？

第一，放松心态。这一点很关键。在进行人格测试前，应该有一个较为平和的心态，不要有任何压力或负担，并且尽量提前到场。有些人赶在开考前一分钟进场，往往会为自己添加不必要的紧张感。如果你刚和要好的朋友吵了一架，那么你的人格测试很有可能是不准确的。

第二，独立作答。一般情况下，回答人格测试的问卷往往是一批人在同一个地点同时进行，这个时候不要和别人交头接耳，也不要和别人讨论自己对试题的理解。

现在特别准确也比较受推崇的调查问卷有菲尔人格测试、明尼苏达人格测试、MBTI 职业性格测试等。这些调查问卷不仅为公司选拔了无数合适的人才，也帮助许多迷茫的毕业生朋友们找到了适合自己的行业或公司。

我将以往常见的题目进行了以下归类。

1）自身定位。

常见的问题往往如“How do you define yourself?”这种类型的问题是想让大家确认自己的性格到底是“对人”还是“对事”（“对人”就是更加热情和有亲和力，而“对事”则是比较冷静和理智，不同的工作自然要求有所不同)，往往还能确定你是否具有较强的主动性、逻辑性等。以下这些单词和短语是非常容易出现在与此相关的题目中的，大家一定要多注意。

表 5－1　自身定位问题核心单词和短语

issue	议题，问题
dealing	商业活动
focus on	集中于
prospect	预期
rule	规则
principle	原则
big picture	（事情的）主要部分
detail	（事情的）细节部分
social activity	社交活动
conversation	交谈
chit-chat	闲聊
realist	现实主义者

续表

idealist	理想主义者
private	私人的
social	社交的
disorganized	杂乱无序的
organized	有组织的
feeling	感觉
logic	逻辑
practical	实际的
imaginative	虚构的
random	随机的
orderly	顺序的
relationship-focused	以关系为导向的
task-oriented	以任务为导向的
objective	客观的
subjective	主观的
efficient	有效率的
empathetic	移情作用的
structured	有结构的
free-spirited	生机勃勃的
boring	无聊的
rarely	罕见地

续表

usually	通常地
indecisive	优柔寡断的
to the point	简单直接地
friendly	友好的
warm	温和的
inflexible	死板的
brief	简短的

2）团队合作。

团队合作的题目顾名思义是为了判断答题人协作性强弱的题目，问题往往很直接，如“What kind of person do you think you are?”选项多为形容词。

表 5-2 团队合作问题核心单词和短语

individual activity	个人活动
group activity	小组活动
impartial	公平的，不偏不倚的
partial	偏爱的，不公平的
a group of friends	一群好友
alone or with one close friend	独自一人或和一个亲密挚友
social butterfly	交际花（形容社交能力极强）
lone ranger	独行侠

续表

drained	精力被耗尽的
energized	有活力的
task	任务
appointment	预约
avoid conflict	避免冲突

3）情绪控制。

这一类的问题基本都是在问你是一个理性的人还是感性的人，常见的问题如“I am more likely to measure things with ...”

表5-3　情绪控制问题核心单词和短语

finalize decision	做出最终决定
personal detail	个人信息
five senses	五大感官
reasonable	合理的
personable	有风度的
total precision	完全精确
approximation	近似值，粗略估计
future possibility	未来发展潜力
current happening	目前发生情况
soft-hearted	心慈手软的

续表

tough-minded	意志刚强的
insensitive	感觉迟钝的
emotional	情绪化的
justice	公正
mercy	宽容
early	及早的
only when necessary	只有必要时
fact	事实
intuition	直觉

4）变化适应性、时间控制力及目标能动性。

这三种问题的考法略有不同，但是都很科学地反映了答题人的变化适应性、时间控制力以及目标能动性。这部分涉及的单词和短语数量不是很大，所以就放在一起来说了。

表5-4　变化适应性问题核心单词

change	改变
easy	简单的
difficult	困难的
adaptable	能适应的
exhilarating	使人愉悦的
uncomfortable	令人不快的

时间控制力和目标能动性题目其实比较相似，都是考查在既定目标下你是否有自我管理和驱动的能力。

表 5-5　时间控制力及目标能动性问题核心单词和短语

schedule/timetable	时间表，计划表
plan	计划
here and now	立刻，此时此刻
aimless	没有目标的
rigid	严格的，死板的
conserve my energy	保存能量
spend my energy	使用能量
critique	批评
compliment	恭维
what lies ahead	即将到来的事情
go with the flow	随遇而安

5）理论、实践偏向性和创新性。

一个人的理论、实践偏向性很重要，这会决定这个人是更适合搞幕后策划还是做前端操盘手。企业的发展离不开创新型的人才，因此在人格测试的问卷中创新测试肯定是少不了的。这一部分的词汇往往是比较有难度的。

表 5－6　理论、实践偏向性和创新性问题核心单词和短语

inspiration	灵感
imagination	想象力
surroundings	环境
meaning	含义
immediate	立即的，直接的
hide	隐藏
conventional	传统的
revolutionary	革命的
spontaneous	自然的，自发的
planner	计划者
learn fact	学习实践
explore theory	探索理论
concrete	具体的
abstract	抽象的
promising new idea	前景美好的新想法
proven method	已经验证的方法

以下是 10 道模拟题，这些题目从用词到形式与世界 500 强企业使用的题目基本是一致的。但是请大家一定注意，这些题目只是为了让大家熟悉人格测试的题目形式及锻炼对题目分析的能力，但不能以其进行人格测试。

1. What is the best expression to describe your desk in the company?

A. Disorganized.

B. Can keep up with those of other coworkers.

C. Organized.

2. When you are dealing with a tough problem in the company, what is the best expression to describe you?

A. Focusing on big picture.

B. Focusing on details.

C. Both a little.

3. When you are given an assignment, what will you do?

A. Working with a team.

B. Getting some advices when needed.

C. Working alone.

4. When there is a meeting, I would usually be ________.

A. objective about others' ideas

B. subjective about people's plans

C. somewhere in the middle

5. Which one will influence you most when you need to decide whether a plan should pass or not?

A. Future possibilities.

B. Current happenings.

C. Somewhere in the middle.

6. If your roommate's living habit is different from yours, which is the best way to describe you?

A. Adaptable.

B. Uncomfortable.

C. Being set in stone.

7. If you found out that you are late for the timetable, use 1 (don't care at all) to 3 (very worried) to show how you feel.

A. 1. B. 2. C. 3.

8. What do you usually do on Sundays?

A. Going out with a group of friends.

B. Hanging out with one best friend.

C. Doing my own things all by myself.

9. Which will give you more inspiration when you are making a plan?
   A. Conventional proven methods.
   B. Revolutionary new methods.
   C. Somewhere in the middle.

10. When you clean up your room, which one is more like your idea?
   A. Total precision.
   B. Approximation is acceptable.
   C. Somewhere in the middle.

(2) 情景模拟

情景模拟与问卷调查有很大不同，应聘者这时是被安排在一个具体、实际的情境中来进行考查的。如前文所述，一般情况下情景模拟不会用在普通的大学毕业生身上，一是因为测试的目标性会减弱，另外一方面则是因为测试成本太高（有时会达到几万甚至几十万元），一般只有特岗（飞行员、救援队员、海上油田的技术人员等）和中高层管理人员竞聘才会采用这种测试。

情景模拟会根据具体岗位进行有针对性的调整，所以很少有固定的题目，但是它确实有固定的评分点，如倾听能力、移情能力等。

希望大家能从下面这个案例当中体会情景模拟的特点。

这是一个发生在2011年上半年的在岗人员竞聘项目，这家公司是国内著名的能源企业也是世界500强企业排名前50的公司，而这次的职位又是会计这种敏感职位，所以进行情景模拟测试就一点也不算兴师动众了。

当天下午的模拟由一个高层主管主持，会议室中坐着12位候选人。首先，这位高层主管给候选人布置了当天的工作，包括打印晚会的300份文档、找公司总裁签重要的文件、准备一个月后要使用的数据资料等共10项。然后，这位主管向大家表示这一天无论如何是无法全部完成这10项工作的，所以要求大家按照“重要不重要”及“紧迫不紧迫”这两条标准把所有工作进行分类，这样大家的工作就会出现四种组合，即“重要而紧迫”“重要而不紧迫”“不重要而紧迫”“不重要而不紧迫”。在大家进行工作分类的过程当中，主管对大家提出进一步的要求，而人力资源专家则开始进行了干扰活动——提问。

整个过程大约持续了半个小时，然后由人力资源专家对候选人进行了测试，内容很简单：“请重复你的主管要求你做的工作是哪一类？”可是12人当中只有两个人顺利回答出了这个问题。

想必大家看到这里可能一头雾水，我来帮助大家分析一下这个案例。

其实主管安排的这十项工作并不是考查项，大家对工作的分配结果也没有好坏的区别。在大家开始进行工作分类的时候，主管开始提出要求，可是大家因为一边忙于进行工作分类，一边又要应付人力资源专家对自己的提问干扰，结果就忽略了“倾听要求”这个重要环节。所以看到这里大家一定明白了。没错，其实大家的财务技能已经在之前的环节得到了考验，而这一环节是应这个职位的要求而进行的倾听能力测试。

倾听能力为什么这么重要呢？大家可以换位思考一下，假如你是一个主管，你的下属是一个倾听能力很差的员工，那么你就要耗费大量的时间和精力在沟通这个环节上，这明显不是一个有效的手段，尤其在现在的职场当中，懂得倾听、善于倾听显得越来越重要了。

下面是另一个情景模拟的案例。

大家生活中接触最多的特殊岗位应该是飞行员。飞行员除了要具有强健的体魄，也需要具有极强的心理素质和情绪管控能力。飞行员不仅要保证机组人员的安全，还要将无数乘客安全送达，所以对于这样一个职位考核的严格也是情理之中。

对于飞行员的人格测试，实际上从第一轮面试就已经开始了，其中包括对家庭背景的了解及调查，一些特殊家庭背景（如自幼父母离异）的候选人会被额外关注，航空公司会特别注意这种背景是否给候选人心理造成过大的创伤而影响他们的抗压能力。

即使在通过初选的面试并开始飞机驾驶的专业培训后，人格测试依然扮演着重要的角色。候选人后期的人格测试是在一台模拟飞行设备中完成的。为了找到一个人格测试基准线，专业的人格测评专家会要求候选人模拟从某地飞往目的地，如北京飞往伦敦，并且会把飞行条件设定为风和日丽的白天。当然这时候选人的心态会很平和，这样人格测评专家就会得到候选人在正常情况下飞行时的数据，其中包括他操作仪器的及时性和准确性以及与调度塔沟通时的流畅度等内容。

两天之后，专家会要求候选人再一次模拟从北京飞往伦敦，可是这一次会将情景设定在风雨交加的夜间。这时候选人因为疲倦和外部环境的双重影响，极有可能在操作中出现失误或瑕疵，而人格测评专家则再次进行数据收集，两次模拟飞行的数据相互对比，失误越少、数据差别越小的候选人情绪管控能力和适应能力越强，反之则弱。

（3）事件访谈

我们的应届毕业生朋友或者应聘中级及以下职位的各位职场人士最常见到的人格测试实际上是事件访谈，因为这一种形式耗费的人力物力最少，而效果也相对较好。

比如，为考查候选人是否诚实守信，招聘单位会设计一个系列的问题，一环套一环，如果候选人在某个问题上撒谎，那么相关问题的回答就会出现矛盾。

大家千万不要觉得事件访谈很好蒙混过关，我在原来供职的一家世界 500 强公司就曾经听到过下面这样一个故事。

2009 年，我同事 Mariah 遇到了一位让她非常难忘且难堪的候选人，以致她现在提起这件事还愤愤不平。

当时需要招聘的岗位是一个比较特殊的审计岗位。一般情况下，对于这个职位的候选人，我们不仅会考查他的专业技能，而且要考查几种能力，如秉公办事的能力和时间管理能力等。因为这次招聘的职位在审计部门相对比较初级，所以我们没有使用情景模拟，没有想到这为之后事情的发展留下了隐患。

Mariah很快在简历库里发现了一个姓黄的先生，她便约了黄先生在一个周五的下午面试。一开始面试进行得十分顺利，黄先生对所有的问题对答如流且没有出现破绽。尤其是他对于这份工作的工作职责有很详细的了解，无论是工作性质、工作时间还是常见工作难题，他都说得非常到位，所以Mariah对他还是相当满意的。

但是，在黄先生的试用期里Mariah却被黄先生的主管告知，黄先生的实际工作能力非常一般，而且工作认真程度也达不到要求。

事情到了这个地步Mariah意识到了问题的严重性，但是为了公平起见，她还是决定到黄先生的上一家公司做一次深入的背景调查。结果发现原来这个黄先生十分善于钻空子，早在面试之前就通过多方渠道打听到我们的面试流程以及工作的性质，编出了一些谎话来应对面试官提出的常见问题。他的上一份工作也是这么得到的。因为同样的方法用了多次，所以他对于这套谎话越来越熟悉，幸运时还能凭此蒙混过关。

谎话说得了一时，说不了一世。

大家一定谨记，你以前也许犯过错误，只要改正就好，如果你妄图靠谎言蒙混过关，那么你就大错特错了。这不仅是对求职的亵渎，也是你不自信、不坦诚的表现。

第六天
数学和英文测试

现在越来越多的外企面试中把笔试作为一项常规考查项纳入招聘程序，而除了一些特殊岗位的笔试内容是本岗位相关的作业知识外，常规的笔试一般都是数学和英文测试。我当年在参加百事可乐管理培训生的招聘时，也进行了数学测试，一些投资银行、“四大”等公司也有类似的笔试。

虽然数学测试的题量很大，但是总体来说数学题目本身还是非常简单和基础的，因此，在考试之前加强一下基本的数学计算能力就可以了。要做好“禁止使用计算器”的心理准备。对于英文测试来说，大家就需要记忆一些单词了，90%以上的应聘者都发生过不认识单词导致做不出题目的情况。

1 数学测试

数学测试的核心就是运算能力测试，往往是给大家一张图表，根据题目从中选取需要的信息进行计算。当然在一张含有丰富数据的图表中根据题目选出相关信息也是一个难点。

有关数学的练习大家可以通过中学数学练习册去自行练习，我在这里不再赘述。相关的单词确实非常关键，所以在这里为大家列出一些核心常用单词和短语。因为不考单词和短语的拼写与发音，大家只需熟记其汉语意思即可。

表 6－1　数学运算类单词和短语

add	加
subtract	减
multiply	乘
divide	除
quotient	商
proportion	比例
permutation	排列
probability	概率
remainder	余数
factorial	阶乘
power	乘方
radical/root sign	根号
round to/to the nearest	四舍五入
absolute value	绝对值
natural number	自然数
positive number	正数
negative number	负数

续表

odd integer/number	奇数
even integer/number	偶数
integer/whole number	整数
positive whole number	正整数
negative whole number	负整数
consecutive number	连续整数
real number	实数
rational number	有理数
irrational（number）	无理数
composite number	合数
prime number	质数
reciprocal	倒数
common divisor	公约数
multiple	倍数
（minimum）common multiple	（最小）公倍数
（prime）factor	（质）因子
common factor	公因子
ordinary scale，decimal scale	十进制
nonnegative	非负的
tens	十位
units	个位

续表

mode	众数
mean	平均数
median	中值
common ratio	公比

表6-2　坐标轴及图表单词和短语

segment of a circle	弓形
rectangular coordinate system	直角坐标系
origin	原点
abscissa	横坐标
ordinate	纵坐标
number line	数轴
quadrant	象限
slope	斜率
complex plane	复平面
arc	弧
line，straight line	直线
line segment	线段
parallel lines	平行线

表 6－3 常用单位单词和短语

cent	一分硬币
nickel	五分硬币
dime	一角硬币
dozen	打（12 个）
score	廿（20 个）
Centigrade	摄氏
Fahrenheit	华氏
pint/penny	品脱
quart	夸脱
gallon	加仑
yard	码
meter	米
micron	微米
inch	英寸
foot	英尺
minute	分（角度的度量单位）
square measure	平方面积制
cubic meter	立方米

2 英文测试

英文测试实际上是给出一段短文，然后判断语句与短文是否有逻辑上的冲突，一般和雅思考试中的阅读题目非常相似，会给出三种选择，即 True（T）/ False（F）/ Not Given（NG）。这种题目对于考过 GMAT 的人来说确实是小儿科。

True：通过短文的内容判断出所给语句是正确的。

False：通过短文的内容判断出所给语句是错误的。

Not Given：不能从短文中判断所给语句是否正确或者错误。

接下来为大家补充一些短文中常用的单词和短语，也是商业文件中非常常见的单词和短语。

表 6－4　短文中常用的单词和短语

intercalary year（leap year）	闰年（366 天）
common year	平年（365 天）
depreciation	折旧
down payment	预付款
discount	打折
margin / profit	利润
interest	利息
simple interest	单利
compounded interest	复利
dividend	红利

续表

decrease to	减少到
decrease by	减少了
increase to	增加到
increase by	增加了
denote	表示
list price	标价
markup	涨价
per capita	每人
ratio	比率
retail price	零售价

第七天

团队合作行为测试

经过前文所述的各环节后，一部分公司的面试会直接进入到小组讨论环节，但是还有一些公司会在之前加入团队合作行为测试。这种测试从表面上看起来往往是以一个游戏展开的，但实际上反映的内容却颇为深刻。

从本质上来说，这一部分的考查内容和本书第八天要讲的小组讨论非常相似，都展现了小组成员的思维能力、团队协作能力、组织领导能力、沟通能力、时间管理能力。但是二者又有本质上的不同，在小组讨论过程当中你主要靠语言来展现自己的能力，而团队合作行为测试中你基本是通过自己的行为来展现自己的能力。

团队合作行为测试的方式非常灵活，比如，让一组候选人在不沟通的前提下完成各自纸条上指派的任务（当然每个人纸条上的内容都是不同的），考官会在旁边观察候选人的行为并记录。又如，让候选人作为公司的客服人员与扮演“客户”的招聘负责人进行沟通，将“客户”信息整理并转达给另一组扮演公司“设计人员”的招聘负责人，最后两组招聘负责人沟通后可以留下表现最为优秀的候选人。

这种团队合作行为测试确实是一个客观、全面、高效率的考查过程，候选人也可以在很短的时间内对公司和公司奉行的理念有很深的认识和了解。

很多人喜欢突出自己，合作意识差，因而在这一环节败北，而他们从这里学到的最重要的一课就是团队中的每一个人都是重要的。大家一定谨记，在团队中的每一个人都需要被尊重。

在这一部分内容中，我提出以下几个建议，请大家务必领悟。

1 以本次面试的团队目标为核心

如果想要以团队的形式完成一项任务，这个团队当中的每个人都应该清楚认识并理解团队的总体目标，这样才能把团队的力量最大化。所以在进行团队合作的时候，首先要从团队的总体目标出发，然后在此前提下完成自己的工作。

2 换位思考及尊重他人

在这样的团队合作中，往往会有一两个盛气凌人的候选人，别人说什么他都反对，别人做什么他都诋毁，有时候甚至发展到了人身攻击的程度，而这种候选人基本不能逃脱被淘汰的命运。其实只要多站在别人的立场上考虑问题，尊重他人，大家一定能很好地合作。

3 发挥每个人的特长

这种行为测试中往往小组中的每一个成员都掌握着一部分信息，而每部分信息对于团队最终目标的实现都起着重要作用。因此每个人独立完成自己的工作时，也要帮助小组其他人完成他们的工作。一定要充分发挥每一个成员的长处，汇总每一个成员的信息，以最高的效率来完成工作，这一点对团队目标的实现至关重要。

大家如果对下面的案例有兴趣的话可以按照要求练习一下。

团队合作作为测试

小组组成：

1）完全陌生的8名小组成员；

2）小组内无指定领导成员；

3）场边3名招聘负责人。

测试要求：

1）完成整个任务时长20分钟；

2）每名小组成员接到一张与任务相关的纸条；

3）任务完成过程中组员之间不可以进行语言

上的交流；

4）招聘负责人将在场边观察，但是不会回答任何与面试相关的问题。

任务：

绘制出A公司的业务流程图。

纸条1：规划人员安排具体服务流程及导师。

纸条2：指导过程完成后，咨询顾问及售后人员再次联系客户进行回访及效果反馈。

纸条3：咨询中心接到客户的电话后首先告知客户需要的信息，然后提供咨询顾问的联系方式。

纸条4：咨询顾问负责安排具体规划人员及一对一导师。

纸条5：如果售后人员接到客户对导师的消极反馈，则需要马上联系咨询顾问及导师进行指导方向的修改。

纸条6：导师按照服务流程开始指导。

纸条7：在导师指导开始后，售后服务人员开始跟进导师指导内容及效果。

纸条8：客户联系咨询顾问并得到建议。

标准答案：

1）咨询中心接到客户的电话后首先告知客户需要的信息，然后提供咨询顾问的联系方式；

2）客户联系咨询顾问并得到建议；

3）咨询顾问负责安排具体规划人员及一对一导师；

4）规划人员安排具体服务流程及导师；

5）导师按照服务流程开始指导；

6）在导师指导开始后，售后服务人员开始跟进导师指导内容及效果；

7）如果售后人员接到客户对导师的消极反馈，则需要马上联系咨询顾问及导师进行指导方向的修改；

8）指导过程完成后，咨询顾问及售后人员再次联系客户进行回访及效果反馈。

希望大家可以通过这个例子了解团队合作行为测试的相关内容并进行一些练习。另外，有关团队合作的准备工作，请大家仔细阅读本书第八天的内容，在此仅着重于团队合作行为测试的相关内容。

第八天
小组讨论

在经历了种种各具特色的硬性指标测试之后，我们进入了脚踏实地的拼搏环节——小组讨论（group discussion）。小组讨论又名无领导小组讨论，更通俗点说就是大家常说的 AC 群面或 PK。这一环节一般情况下是由 6 个候选人参加的，一般会有 3 个左右的考官在一旁观察（不参与）6 位候选人的所有活动。

说小组讨论是所有面试环节中最令人闻风丧胆的部分其实一点也不过分，它以超高的淘汰率让每一位职场新人又爱又恨，爱是因为到了这一环节往往标志着自己的各项硬性指标合乎这家公司的要求，而恨则是因为能够顺利通过小组讨论的候选人往往只有 30% 甚至更少。良好的临场应变能力、快速搭建框架的能力、顺利凸显自身优势又不令人反感的能力都使小组讨论暗流汹涌、危机重重。

一般情况下，大家接到参加小组讨论的电话后，首先应该做好穿正装的准备（请参考本书第九天的内容），虽然公司一般无这样的要求，但是当别人都穿着西装或者套裙的时候，如果你不想与别人形成鲜明反差，自然是不应该着便装的。

在这里要给大家提个醒，小组讨论使用的语言由面试官来决定，如果他要求大家使用中文讨论，就不要再费力气使用英文了。不要在面试官没有规定自我介绍语言的情况下第一个使用英文，这样很容易得罪之前之后发言的所有人，尤其是紧接着你后面发言的人。到时大家集体把你晾在一边，纵使你是齐天大圣也无力回天了。

1 小组讨论的环节

小组讨论之前是短暂的自我介绍时间，主要的作用是让面试官认识你。因为时间原因，请大家尽量按照面试官的要求做事。

曾经有一次，我供职的公司组织管理培训生的面试，我的同事已经明确要求应聘者“用两句话介绍自己的名字和学校”，但是还是偶尔有候选人进行长篇大论的自我介绍，这自然不会讨人喜欢。说实话，仅凭你大段的自我介绍一点也不会为你的晋级加分，反而让人觉得你的倾听能力及执行能力比较差。

小组讨论正式开始后包括两个环节，一是案例讨论

(discussion)，二是总结陈述（presentation）。总结陈述往往在案例讨论的最后五分钟，目的是为了陈述小组之前讨论的结果。大家一定要特别注意，小组讨论的过程远比讨论结果重要，案例的结果没有绝对的原则性上的对错之分，面试官更注重你在讨论的过程中所展现出来的软实力。

小组讨论的题目一般是一个产品推广的策划案，而其中涉及的产品都是与你面试公司的行业背景有关的，如你去面试饮料公司，策划案往往就是让你策划新的饮品推广。

(1) 案例讨论

案例讨论的好处是大家都可以积极参与。关于大家发挥优劣的大部分评价都来源于此，从时间的分配上，它也占到了总时长的85%。案例讨论是很考验候选人水平的，这时候集中体现你的实力。

在发言的内容上，大家一定要做到三点：条理要清晰；方案要合理；要充分了解公司和行业的背景。

首先，我们来说条理清晰。简单点说，就是大家的语言要高度概括、精练，这是我们在国内及国际演讲辩论比赛时常用的技巧。

其次，我们来看方案的合理性。一个方案是否合理往往取决于主观意见和客观条件是否符合，如果你疯狂地喜欢法拉利的最新款跑车，并打算在一年内购买，但是你的收入是年薪3万，那么你的这个方案自然会被所有人评为“年度最不靠谱方案”。又如，案例规定你讨论一个在我国西部某普通高校的饼干推广方案，结果你的计划是请 Lady Gaga 去开演唱会，无论是从可操作性还是从财力方面这个计划都很不现实，你的策划案不仅给公司的市场部、财务部及销售团队带来了巨大的压力，更凸显了你对于公司运营成本和校园推广的无知。

世界500强企业人力资源部经理建议从以下几方面考虑方案的合理性。

资金：公司是否会在经费上全力支持你的策划案。

人力：实施你的策划案的人员来源是什么，是否需要从公司外短期雇佣，人力成本如何控制，是否能快速招到你需要的人。

回报率：你的策划案能为公司带来怎样的影响和效果。

风险：你的策划案是否有潜在的危险（绝对不要说自己的策划案没有风险，这不可能），如何控制这种风险。

最后，我们来说了解行业背景和相关产品知识。就像我之前说过的那样，每个公司案例讨论的问题往往和自己公司的产品相关，所以了解这个行业的背景及运行情况就非常必要了。

我们来看下面这个真实的案例。

在某著名饮品业世界500强企业的管理培训生面试过程中，6个候选人正在商量一个瓶装咖啡的策划案。当讨论到分销环节时，Mike率先站出来说："我觉得我们要借鉴我们公司之前产品销售的成功经验，这种咖啡的消费人群相对来说十分高端，产品单价也很高，所以我们还是应该把销售渠道定为KA及MT，TT渠道并不是一个很合理的选择。"

这时，只有拥有留学经历的另一个候选人Sarah理解了他的话并回应道："我特别认同你的观点，而且DC也可以对销售进行帮助协调和跟进，尤其是对口高端商务会所和休闲中心的DC。"同场的其他4个候选人则对这段对话无法回应。

出现上面的情景的原因很简单，无非是专业知识和行业背景知识的匮乏。什么是KA？什么是MT？什么是TT？什么是DC？其实这些单词的缩写都很好理解。在此，给大家补充一些在小组讨论中很常见到的英文缩写。

表 8-1 常用英文缩写

SWOT	Strength（优势）
	Weakness（劣势）
	Opportunity（机遇）
	Threat（威胁）
4P	Price（价格）
	Place（位置）
	Promotion（宣传）
	Product（产品）
PEST	Political Factors（政治因素）
	Economic Factors（经济因素）
	Social Cultural Factors（社会文化因素）
	Technological Factors（技术因素）
KA	Key Account（重点客户）
MT	Modern Trade（现代渠道）
TT	Traditional Trade（传统渠道）
DC	District Coordinator（区域协调员）
CR	Customer Representative（销售代表）
WDR	Wholesale Development Representative（批发商拓展代表）
SKU	Stock Keeping Unit（库存量单位）

（2）总结陈述

总结陈述一般是由一个人来完成的，详细的内容请参考下面“小组讨论中的特殊角色”中的相关部分，在这里就不占用篇幅重复了。

2 小组讨论中的特殊角色

相信对小组讨论略有了解的人都会知道，大家一同进入会议室并开始讨论后，考官可能在小组中指派（偶尔会要求自荐）几个候选人作为特殊角色。特殊角色是一把双刃剑，优秀的人会因此更加凸显出自己的实力，平庸的人则会因在这个环节不能完成自己角色的任务而败下阵来。

这些特殊角色有领导者、计时者和陈述者。除此之外，我还强力推荐“超级新星”（在有限的时间内扭转局势、为小组带来新点子并为自己赢得关注的候选人）这个角色。

（1）领导者（leader）

如果你被选为领导者，你一定要明白之所以选出一个领导者，是因为小组讨论是要在一定的秩序和进度下进行的。诚然，有的人背景知识丰富，口齿伶俐，能够占有先机多说几句，但是这种人注意千万不能抢话，不然只会给人咄咄逼人的感觉。还有一些人，生性腼腆，不是很喜欢说话，但是在这个关键时刻，还是一定要努力展现自己才好。

作为领导者，你的第一个任务就是均衡大家的发言时间，如果小组当中有人一直在发言，别人根本插不上话，而你竟然没有制止他，那么这就是你的失职。同样，如果你们小组有人一直不发言而你又不去鼓励他，这也是不妥的行为（不必一遍遍地鼓励，但是整个过程中至少应该鼓励他两到三次）。

对于滔滔不绝、不给他人发言机会的人，你可以说："我觉得你的建议很有道理，我已经把它记入笔记里了。现在来请这位朋友（一直不说话的人）说说他的观点吧。"

别看这句话简短，它有三层含义：第一，你肯定并鼓励了你的小组成员；第二，你能分辨出有用的信息并记入笔记；第三，你巧妙地给了腼腆的人一个发言的机会。这种方式应该是会赢得所有组员好感的。

作为领导者的第二个任务是合理推进提案进度。这包括时间和内容两方面。对于时间，你不必像计时者那样严防死守，但是你也需要适当关注，这样当计时者没有完成监管时间的任务时，你可以提醒注意时间问题。对于内容，你要关注每一个提案是否已经完全展开，当大家对这个提案已经发表了很多意见、陷入沉默之后，你可以打破沉默询问大家的意见："大家对这个问题还有别的补充吗？没有的话我们可以先进入下一个环节，如果一会儿大家又有什么好的想法可以在讨论的后半段再提出来，好吗？"

作为领导者的第三个任务是协调组员的关系。如果有两个组员因为案例的某个部分发生争执，那么你就很有必要去协调他们的谈话，不能让争执影响了案例讨论。

我希望大家能做一件事，即在自我介绍环节，找一张纸把每个人的名字都记录下来，这样，不管你是否是领导者，你在交流的时候都能使用大家的名字，这无疑已经向考官证明你出色的记忆能力和对他人的尊重。

（2）计时者（timer）

和领导者不同，计时者除了参与讨论外，另一项任务就是控制时间（因此你最好有一只手表，这样会显得比较职业化），对此一定要认真对待，小组讨论一旦超时，分数自然全扣在计时者身上。

计时者的角色不一定是指派的，如果你发现直到讨论开始都没有指派计时者，那么不妨像个“老手”一样大方提出由自己来做计时者，以期给考官留下好印象。

值得注意的是，讨论过程中最好在考官看到你的时候再提醒大家注意时间，因为小组讨论是观察型面试，所有行为要得到加分均需要被考官观察到，否则肯定是得不到加分的。

一般情况下时间的安排包括读题时间、个人发言时间、自由讨论时间、做决策时间以及总结陈述时间。

如果时间是半小时，读题时间最好在3分钟以内，最后5分钟总结陈述。个人发言及自由讨论（尤其是后者）

时间则可以较为灵活（但是也要有时间控制，要提醒时间已经到了，请正在说话的人尽快结束）。

（3）陈述者（presenter）

总结陈述一般情况下都是由一个人来做的，大家可以自己推举小组内某个人，也可由考官指派，当然第二种情况是很少见的，常见的是第一种情况。陈述者需要对整场讨论的内容进行归纳和总结，并把大家讨论的结果陈述出来。最后5分钟是陈述者的独秀时间。

但不是每个小组讨论都有陈述者这个角色，有的小组为了公平起见就把陈述者的时间和角色分在每个人头上，每人陈述案例分析中的一个模块。

如果你被选为了陈述者，那么你在做总结陈述的时候，一定要做到以下几点。

第一，要总结每个人的建设性观点，不要有遗漏，不然的话考官肯定会发现的。而那位被遗漏观点的人一定会在你完成陈述之后补充说你漏掉了他的一个重要观点，这对你来说非常不利，所以总结一定要全面。

第二，除非你是“爱因斯坦第二”，否则一定要做好笔记，不然你不但没有办法清晰地回忆起大家之前的发言，而且会让别人趁机指出你的错误，所以一定要练就边讨论边记笔记的能力。

第三，要大方地称赞每个人的好观点。不要以为靠自己的几句话就能把别人的观点归到自己身上，那样你绝对是高估了自己并低估了考官的智力。

(4) 超级新星（supernova）

提出好点子的组员在每一个组里都是很重要的成员，当讨论陷入瓶颈时，如果你抛出自己的观点并且给予充足的论证的话，你的点子会为整个组带来新的想法，也会为自己赢得更多的注意。

最后一定注意，无论是哪种角色，都不要轻易打断别人和否定别人，要尽量多鼓励组员并多使用主动积极的语言而不是消极批评的语言。

另外你要了解，你在一个小组内排名的相对位置比你在所有候选人中绝对得分的高低重要，因为招聘负责人是以小组为单位进行筛选的。请大家看表8－2。

表8－2　小组讨论得分表（深色为晋级）

小组	A组	B组
一号组员	86	83
二号组员	83	79
三号组员	85	80
四号组员	87	78
五号组员	80	77
六号组员	84	74

可以看到，整体的成绩优秀能够为你带来更多的机会，因为A组的同学普遍优秀一些（A组的平均分为84.16分），所以最后他们有4个人晋级（一号、三号、四号及六号组员），B组同学整体实力不是很强（B组的平均分为78.5分），最后只有2个人（一号和三号组员）晋级。

但是不难发现，如果把B组的两位晋级组员放到A组，他们就不能晋级了，因为他们的分数相对较低。这就是我所说的相对位置比绝对得分重要。

在这里为大家提供一些在英文小组讨论时常用到的单词和短语，掌握这些内容就可以和一般的候选人有所区别啦！

表8-3　小组讨论常用单词和短语

accessory	附件
accomplish	实现
account number	账号
accountancy	会计工作
accountant	会计
accounting	会计学；记账
accounts department	财务部
acoustics	音响效果
advertising	广告
agenda	日程安排
alliance	联合

续表

alternative	选择的
ambition	理想，抱负
analysis	分析
applicant	申请人
approach	方法；接近
assessment	评估
assume	假定
associate membership	附属会员
attach	贴上
attendance	出席
attitude	态度
audience	听众
audit	审核
available	可用的；有空的
backlog	积压未处理之事
boardroom	董事会会议室
booking reference	预订记录
booklet	小册子
brand image	品牌形象
bring down	降低
broad	广泛的

续表

brochure	小册子
budget	预算
business associate	商业合作伙伴
business objective	商业目标
calculator	计算器
campaign	运动
case study	案例研究
cash card	现金卡
cash flow	资金流动
cash machine	提款机
cashier	收银员
catalogue	产品目录
certificate	证书
chain	连锁店
chair	主持会议的主席
character	文字
check-out	收银台
clause	条款
client	客户
collaboration	合作
collection	搜集

续表

combination	组合
commerce	商业
commission	佣金
company profile	公司介绍
compatible	可兼容的
competition	竞争
competitive	竞争的
competitor	竞争对手
comply	遵守
component	零部件
confidential	机密的
confirmation	确认
consequence	结果
consultant	顾问
consultation	咨询
contact phone number	联系电话
contract	合同
contribute to	有助于
controversy	争议，争论
convenience	便利
convenient	便利的

续表

convince	使信服
correspondence	通信，信件
credit	信用贷款
credit card	信用卡
current account	活期账户
currently	目前地
deadline	截止日期
debit	贷，借出
debit card	借记卡
definition	定义
delivery	送货
demonstration	展示
deposit account	存款账户
destination	目的地
dimension	尺寸
diploma	证书
direct selling	直销
dispatch	发货
distributor	分销商
DIY	自己动手（Do It Yourself 的缩写）
document	文件

续表

door-to-door service	门到门服务
double check	再次确认
downturn	下降
education sector	教育部门
electronic	电子的
emergency repair	紧急维修
employ	雇佣
ensure	保证
entertainment	娱乐
established	建立的
exchange rate	汇率
exclusively	专门地
exclusive right	专有特权
expand	扩大
expectation	期盼
expenditure	开支
experienced	有经验的
expire	到期，届满
extension	延伸
extra	额外的
eye-catching	引人注目的

续表

facility	设施
fashionable	流行的
feedback	反馈
finalize	使结束；定案
financial manager	财务经理
financial statement	财务报表
fix up	安排
for the benefit of	为了……的利益
full membership	正式会员
guarantee	保证
high-street	商业街
hourly rate	计时工资
ideally	理想地
identity card	身份证
ignore	忽视，忽略
illustration	插图，图表
in advance	提前
in case	万一
in fashion	流行，时髦
in particular	特别，尤其是
incentive	动机，诱因

续表

income	收入
inconvenient	不方便的
independence	独立
individual	个人的
initiative	主动性
innovative	创新的
installation	安装
institution	机构；制度
interpreter	口译员
invoice	发票
label	给……贴上标签
laser printer	激光打印机
layout	版面设计
leisure facility	娱乐设施
letter of application	申请书
life insurance	人寿保险
logo	徽志
mail order	邮购
mail-order business	邮购业务
maintenance	维修

续表

manipulation	操纵
manual	手工的
market share	市场份额
medium-sized	中型的
microphone	扩音器
multinational	跨国公司
non-profit	非营利的
on the waiting list	在候选人之列
operating division	运作部门
operating manual	操作手册
optimistic	乐观的
option	选项
originally	最初地
out of date	过期
overall	全部的
overcrowded	过于拥挤的
overseas	海外的
owe	欠钱
package	包裹
password	密码

续表

percentage	百分比
performance	表现
performance report	业绩报告
permanent	永久的
personal quality	个人品质
personality	个性
personnel file	人事档案
photocopier	复印机，影印机
policy making	政策制定
precisely	准确地
predict	预见
preliminary	初步的
presentation	介绍，陈述
priority	优先考虑的事情
private sector	私人企业
probation period	试用期
procedure	程序
product launch	产品发布
production capability	生产能力
progress	进步
promising	有希望的

续表

promotion	提升
promotional campaign	促销活动
proprietor	拥有人，业主
provisionally	暂时地
public sector	公有部分；国有企业
purchase	购买
put off	推迟
qualification	资格
quality assurance	质量保证
quality control	质量控制
queue	排队
range	范围；幅度
reception	接待处
recession	衰退
recommend	推荐
recruitment	招聘
reduced rate	优惠价
reduction	减少
reference	证明，介绍
reflective	反光的
refund	退款

续表

register	注册
regular	定期的
reliability	可靠性
relieve	缓解
renewal of the contract	续签合同
repackage	重新包装
repetitive	重复的
replace	代替
reputation	名誉
re-schedule	重新安排
reservation	预订
resident	常驻的；居民
resign	辞职
retail	零售
reward	报酬
rival	对手
RSVP	敬请回复
safety regulation	安全规则
salary range	工资幅度
salary scale	工资的支付额度
sales co-coordinator	销售协调员

续表

sales outlet	销售渠道
sales representative	销售代表
security procedure	安全程序
seminar	研讨会
senior	高级的
seriously	严肃地
service sector	服务部门
session	会议，会期
set target	制定目标
shareholder	股东
showroom	陈列室
signature	签名
slot	空位
special offer	特价
staff appraisal	员工评估
statistics	统计
status	状态
stockbroker	股票经纪人
store display	商店的布置
strategic planning	战略规划
strategy	战略

续表

studio	工作室；播音室
subsidiary	子公司
subsidy	补贴
supervise	主管
supplier	供应商
take precaution	采取预防措施
talent	天才
target audience	目标观众
team work	团队工作
temporary	暂时的
temporary replacement	临时顶班
time distribution	时间分配
time sheet	时间表
trade fair	交易会
trainee	实习生
transaction	交易
unapproachable	不可接近的
unload	卸货
unreliable	不可靠的
update	更新

续表

urgent	紧急的
vacancy	空缺
venue	地点
warehouse	仓库
working condition	工作条件

第九天

面试官一对一面试之面试前

当你能够获得与面试官一对一面试的机会时，务必要明白你已经打败了诸多你还没有见过面的对手，请一定心怀感恩参加此轮面试。这一轮面试的特点是你将与面试官一对一、面对面地进行交流，你能否答出面试官所提出的问题，回答问题的方法、语气，甚至你的穿衣打扮都会影响你在面试官心目中的印象。

如果你看中某次面试，那么你一定要在各个方面做足准备，穿衣打扮自然也在其中。也许外在美看似不是大事，更有一些男生认为不修边幅是男人粗犷的标志，但是当你顶着一周未洗的头发和浓密的络腮胡出现在某外企的办公室准备面试的时候，恐怕连你自己也会发现自己与周围的人多么不同。才华固然重要，但是外表同样不可小瞧，现在已经不是美女与野兽长相厮守的年代了，光鲜的外表有的时候会为你赢得重要的一票。

Peter就读于一所国内知名的理工院校，和班上的其他男生一样，他也比较"豪爽"：厚厚的眼镜片、过于朴素的外套及身上因为实验而残留下来的化学药品的气味。2008年大四毕业时，他和其他所有人一样遇到了金融危机，本来板上钉钉的工作突然没了着落，几次面试都没了下文之后，Peter不禁心慌起来。

其实Peter本身很优秀，他是学生干部，参加过"挑战杯"并获奖，毕业时专业课在年级排到了第二名，连这样的条件都找不到工作也实在太不应该了。后来Peter在女友的劝说下换掉了外形酷似棉袄的外套，戴上了隐形眼镜，在稍稍修饰了一下发型之后，Peter的女友突然发现原来自己的男友还是十分英俊的，并且有几分酷似大S的前男友——台湾明星蓝正龙。

在接下来的一次面试中，Peter申请的是一家著名化妆品外企的管理培训生，这家公司因其出色的口碑和国际明星的代言而广为人知，其招聘面试竞争之激烈可想而知。没想到与之前的几次面试完全不同，这次Peter过五关斩六将，顺利地来到了最后一关，并且成功通过了最终的面试。

事后，一次参加公司在上海举办的管理培训生的培训时，Peter遇见了当初面试自己的面试官，闲聊中面试官说道："其实当时还有一个候选人和你的条件不相上下，很难说谁更适合，我也有点犹豫。但是我们是一家化妆品公司，需要员工从内而外都美丽。那个人连自己都不愿意修饰，头发都没好好梳理一下，这样的人轮岗到柜台当美容顾问的时候，怎么去向客户推荐我们的产品？客户也肯定不会相信他的建议。"

有的朋友会说我这是宣扬肤浅的外在美，但是许多面试官都曾向我亲口承认第一印象三秒钟就会建立，也就是说基本上你还来不及讲话，对方就已经在潜意识中对你有了一个印象。在你还没有开口说话之前，是什么影响着你给面试官的印象呢？当然是你的表情、穿着和举止。也许你没有模特的身材，也没有奢华的衣服，但是把自己打扮得干净得体确实非常关键，必要时甚至可以喷一些有格调的香水（切记不要过浓）。这件事的意义体现在两个方面：在直观的感受上给对方一种愉悦感；让对方明白你看重这次面试，并且尽力在每个可能的方面做了准备。

在着装方面也要充分考虑我们在本书一开始的时候所提到的"知己知彼，百战不殆"这一点，这点在这里的具体体现就是要针对行业选对穿衣风格，而且这件事非常重要！比如，你去面试的公司是一家机械或通信类的公司，公司文化十分传统和务实，如果你穿着一件潮人外套、戴着墨镜出现在面试地点，那显然无法讨人欢心。相反，你去一家时尚的广告公司的形象或者创意部门面试，那么你当然应该选择具有个性、让人眼前一亮的服装以凸显自己的独到眼光和个性。

如果你的着装与这家公司所需要的员工相差太多的话，一定会影响面试官对你胜任这份工作的信心。这并不是面试官以貌取人，而是因为你没有做自己的功课。试想一下，一个对自己将要做什么工作完全不了解的人想来到这家公司的理由会是什么？你敢说自己是因为喜欢这份工作吗？你连自己要干什么都不知道你怎么喜欢呢？在这方面注意一定不要和下面的这位郑先生犯同样的错误。

这是我在一家著名的世界500强公司做面试官的时候发生的事情。这家公司的出名程度完全可以和IPhone在中国的名气相提并论，但是这极大的名气是我们在销售一线的员工打拼出来的，他们工作的辛苦程度是一般人难以想象的——我们的销售代表常年在户外奔波，衣服时常被汗水浸透，与许多世界500强企业的销售代表有很大的不同。但是大多数没有本行业工作经验的人都会猜测我们的销售代表是打着领带、喷着高档香水、坐在办公室和人谈判的形象。

那次我们在北京急缺销售代表，于是我就约了连续三天的面试，希望能顺利选出需要的人员。前一天我约了一位姓郑的先生，第二天上午10点整，一身正装的郑先生准时出现在我们的办公室里，他穿着一身高档的西装，梳着绝对精心打理过的发型，刚一见面迎面而来的便是他身上的CK古龙水香味。乍一看去他就像是格莱美颁奖典礼上的明星。

交谈过程中我发现郑先生明显像大多数人一样误会了我们公司销售代表的工作性质。就在面试当中，我们的一个销售代表小李来到办公室想和我谈谈有关他住房公积金提取的问题，他身上宽松的上衣、脚上便于运动的旅游鞋与郑先生的行头形成了鲜明的对比，我发现郑先生自己也有所察觉，并露出了意外的表情。当我最终发现郑先生是开着自己的私家车来面试这个职位时，看着他白净的脸和双手，我对他是否能够胜任这个职位更打了个问号。

面试结束之后，销售代表小李偷偷问我郑先生是否是来应聘经理的，当他得知这位郑先生居然是来面试销售代表时，小李露出了惊讶的表情并表示

“绝对长不了”，果然最后这位明显没吃过什么苦的郑先生还是没能胜任这份辛苦的工作。

实际上，在面试的时候干净整洁最重要，你需要通过这个简单的事实传递给面试官一种信息——“I care!”（我在乎这次面试），而不是把自己打扮得像平面模特一样。我不否认，在去面试之前，大家当然应该精心打扮自己。就算平时再邋遢、再懒惰，男生也绝不应该顶着一头乱发、穿着衣领发黑的衬衣出现在面试官面前；女生就算平时不爱化妆，也应该稍微地打打粉底，吹吹头发。

面试时究竟该如何穿着打扮呢？

对于男士来说，蓝色最保险，全身不可过三色。

最正式的西服颜色为藏蓝色，此外还有灰色等。值得注意的是，白色套装只用于庆典宴会，黑色只用于葬礼和婚礼等场合。一般最下面的扣不系，只系上面的两个或一个，坐下后一般要全解开，以防产生褶皱。打领带时衬衫最上面的扣系上，不打领带时不系最上面的扣。

有关领带的一些细节：一般情况下不要使用领带夹；平头领带一般配时装，而尖头领带则配商务装；亮色领带活泼、时尚，适合一般的非正式场合，在正式商务场合则一般佩戴深色领带；条纹领带表明干事利索，圆圈表明圆滑，方块表明坚持原则。这些大家都需要注意一下。

对于女士来说，颜色选择可随意，小巧手包化淡妆。

最正式的西服是黑色，其他场合也可以穿浅灰、白或深蓝色，裙装比裤装更正式。丝袜可以根据服装的色调选择黑色或肉色，正式场合所穿丝袜必须是纯色，不能有花纹。正式场合女士不能穿高筒靴。选择高跟鞋时要挑选穿着舒服而且不容易崴脚的，前边不露脚趾、没有装饰的才是首选。

香水使用

一般男用香水可以女用，女用香水不能男用。香水最忌讳大面积喷洒，一般情况下浓度以 1.5 米之内隐约能闻到为适当。选购香水最好到店里用专业的试香方法，在皮肤上分别沾几款不同类型的香水，根据与体香混合后的效果最后决定选择哪种。

女士香水分为滚珠型与喷射型，手腕内侧、耳后、膝盖内侧、颈部动脉适合用滚珠型香水，因为香味一般是从下往上散发；喷射型香水一般喷于裙摆或风衣下摆，而最佳的使用方法为先将香水喷到空气中再钻进去，这样喷射均匀，不容易在衣服上留下痕迹。

男士香水分运动型与日常型，运动型香水一般喷于前胸，因为此处离心脏较近，血液循环快，有利于香水的挥发；日常型香水一般喷于衣前摆或者袖口中的一处。近喷可能导致衣服沾上香水的颜色，甚至对面料有损害，需要注意。

注意

千万不要选劣质香水（一般是指十几元以下的），因为这种香水一般喷完香味过于浓郁而没过多久就挥发完了，另外也很容易在衣服上留下痕迹。

第十天

面试官一对一面试之面试中

本部分内容中，首先我们要以实例总体地介绍面试的流程，然后再具体介绍面试的三个环节——候选人自我介绍环节、面试官一对一提问环节及面试官解答问题环节。

在下面的世界500强企业面试实例中字母 HR 代表面试官，字母 C 代表候选人。

HR：“你好，欢迎参加我们公司的一对一面试。今天的面试分为三个环节：第一，请你做一个自我介绍，自我介绍要包括你的教育背景还有相关工作经验；第二，我会提问，同时在你自我介绍的过程当中我有听不明白的地方我也可能会随时打断你，希望你不要介意；第三，我会给你留出一些时间，如果你想要了解有关我们公司的问题，你可以在这个时间进行提问，当然了，不会有太长的时间，所以尽量筛选最关注的和比较重要的问题来提问。好，现在你可以开始自我介绍了。”

C："你好，我叫×××，34岁，之前就职于世界500强的营养品生产公司。我是一个统招大学生，学的是医药专业，就是工程制药专业，所以我进入到这家公司跟我所学的专业是比较吻合的。我每天的工作包括对公司每一个区域的财务进行结算、付款、费用分配，同时我也要跑银行，从出纳到成本会计到销售核算再到主账，一系列的财务流程都是由我来主管的。"

HR："我想提一个问题，你所负责的这个区域有哪些人的工作要向你汇报呢？"

C："向我汇报的人有区域内部的区域财务专员以及出纳和主账人员。"

HR："好，我想知道贵公司所使用的财务系统是什么呢？"

C："目前我们使用的财务系统是SAP系统，以前我们使用的是用友系统，但是后来使用了SAP系统，这是我们在去年实施的一项计划。"

HR："我想问你对于直属上级会有怎样的评价呢？请告诉我你对于直属上级最满意的地方和最不满意的地方。"

C："我认为我的上级专业水平很高，有很丰富的工作经验，工作上是值得信赖和依靠的。我对他的专业水准是非常敬佩的，如果说非要让我挑一个不满意的地方，可能就是他这个人比较严肃，所以跟属下没有太多的私人交流，这样子实际上导致了一部分同事对他有一些疏远。当然我作为他手下的直属主管人员能够理解他，因为有的时候工作确实很忙碌，所以他没有时间去跟员工联络感情，但是公司有一些员工对于这个还是比较在意的，所以如果有机会的话希望他能够更好地跟手下员工交流和沟通。”

HR：“你在公司遇到过一些矛盾和问题吗？你是如何解决的呢？请给我举一个例子。”

C：“曾经发生过这样一件事情：公司的一位销售主管来到我的办公室，告诉我他想要提前支取一笔费用。因为他的上级在外地出差，他没有上级签发的费用支取凭证，因此我就拒绝了，但是他非常坚持必须要拿到这笔钱。我向他解释了我能够理解他的处境，可是他这样做确实是不符合公司的相关规定的，所以我最后请他让他的上级给我以及我的上级发送了一封邮件，阐述了这件事情的重要性和紧迫性，并承诺自己从外地回来之后就会马上补上费用支取凭证。这样在获得了两边上级认可之后，我才给了他这笔费用。”

HR："好的，我知道了。我想要了解一下你的英语水平。"

C："我在大学的时候已经通过了大学英语四级考试，后来我又考过了 BEC 商务英语的中级，我有这个证书，如果需要的话我可以传给您。"

HR："我想了解一下你原来公司的结构及规模。"

C："公司在北京总部有1000人左右，外地还有分支部门，公司总经理下设了财务、销售、人力资源、市场等部门，我们的财务部是直接由财务总监主管的。"

HR："我想知道一下你的离职原因是什么？"

……

HR："好的，谢谢你，我已经大概清楚你的情况了。像我刚才说过的，我想要给你留出一些时间，如果你有问题的话可以现在向我发问。"

C："我想要了解一下贵公司有怎样的员工评价体系。你们的 KPI 是由哪几部分组成的？"

HR："我们的 KPI 是基于你报表的完成情况和其准确性，以及你是否能够胜任一些较急迫和较有压力的工作来决定你是否能够顺利地获得升职和加薪。我们是一家世界500强公司，所以这个评级体系是非常成熟的，这个你不用有任何顾虑，而且新员工入职后会有相关的培训。”

C：“好的，谢谢，那我清楚了，我会回去等您的电话或者邮件的。”

HR：“好，不客气，我们有机会再见。”

以上就是一个标准的面试官一对一面试流程，这个候选人的回答非常准确而且非常让人欣赏，没有出大的纰漏或者让人觉得不舒服的地方。

下面是面试三个环节的具体介绍。

1 候选人自我介绍

自我介绍的详细内容请参考本书前几天的相关内容，这里就不再赘述，下面仅讲一下自我介绍的注意事项。

第一，一定要诚实。人力资源部门有非常多的手段可以调查到你的相关工作背景，甚至面试官在面试当时就知道你是否在说实话，所以必须要诚实。

第二，要有礼貌，绝对不可以傲慢。一些候选人来到面试现场之后不等面试官提问，马上自己先开始提出一些相关的、自己想要了解的问题，当面试官终于得到机会可以提问的时候，这些候选人又突然拒绝回答相关问题，这种态度就是极度傲慢的。在这里提醒大家，有的时候你会在同一时段接到几个公司的面试通知，你心中可能已经对这些公司进行了一个排序，如果你确实对某一家公司的职位不再感兴趣的话，你其实可以在电话约见或者得到邮件通知的时候就告诉对方因为某些方面的原因不能够去面试了，而不应该不情愿地去了却在面试的过程当中体现出自己的不耐烦。

第三，绝对不能表现出自己很怯懦、很犹豫。既然你接到了面试通知，说明人力资源部门在评估了你简历上所写的内容之后对你有了一个比较客观的认识，断定你有可能胜任这份工作，所以你要自信，要给面试官一个好印象。

2 面试官一对一提问

一对一提问的问题涉及范围包括两个方面：第一就是跟个人相关，第二就是跟单位相关。

跟个人相关的问题如"有没有什么特殊的兴趣爱好？""你对于我们的薪资有怎样的期待？""你会使用什么样的相关软件和工具？""你的英语水平怎么样？"等。

跟单位相关的提问如"原单位的上下班时间是怎么样的？""对于现在工作的看法和期待是怎么样的？""你对于原来的工作满意吗？喜欢吗？""你跟你的同事们相处都还不错吗？"等。

一对一面试问题中跟本书第四天"电话面试"当中总结的9 大问题相同的内容这里不再重复，只讲常见10 大刁钻问题的回答。

常见刁钻问题一：你为什么要离职？

离职的原因五花八门，总结起来一般有以下六种：第一因为薪资，第二因为职位，第三因为要经常出差，第四因为加班，第五因为公司关系复杂，第六因为工作压力大，影响个人生活。

这些原因其实都是可以被人理解和接受的，但是大家不要以为这些理由可以被人接受就可以随便地说出口，比如有人说不喜欢上一家公司的工作要经常出差，所以辞职了，但实际上他这一次面试的这个职位又是一个要经常出差的咨询公司的职位，这样他被录取的可能性就大大降低了。

还有一些情况在人看来是比较奇怪的，如有一些人的薪资还有职位都是非常不错的，但是他居然辞职了，那么面试官就会很想要了解你为什么放着这样好的职位和薪水却要辞职。当然如果有正当合理的理由的话，如一些女性员工怀孕了，她想要生下孩子并且在家陪孩子一到两年，这样就造成了刚才我们所说的那种情况，这完全可被理解。

常见刁钻问题二：你为什么要频繁地跳槽？

我们会发现一些候选人，两年的时间换了三份工作，五年的时间换了七份工作，就是平均不到一年就要换一次工作，这样面试官就会担忧：你这个人的稳定性这么差，会不会在进入到自己公司一年之内又跳槽走人呢？如果是这样的话，那么他现在做的功就是无用功。另外面试官也会觉得这个人老是跳槽是不是因为没有一个很好的、清晰的职业规划呢？这个人可能不知道自己想做什么所以才这儿做做那做做，什么行业都试试看。面试官还可能怀疑这个人是不是性格上有什么缺陷，一开始的时候可能看不出来，经过几个月的相处之后凸显了出来，结果就必须辞职离开了。

如果你想要消除面试官这方面的顾虑的话，就要解释清楚为什么要跳槽。大家会发现在大学刚毕业的时候，很多人在一年之后就跳了槽，其实这个是比较正常的，你当然要坦诚地向面试官承认你过去的经历，然后解释每一次跳槽的原因，同时你也要表决心，比如：“我以前是跳槽了，但正因为我以前做过几份工作，所以我更加了解我现在想要做什么，而且我也能够体会到什么样的公司是非常有前途的公司。”

常见刁钻问题三：你对上级最满意和最不满意的地方是什么？

其实你对于一个上级满意的地方可以各种各样，比如这个人的性格很开朗，跟所有的下属员工关系融洽；这个人的专业知识很强；这个人在下属做对事情的时候能够及时奖励，在下属做错事情的时候也会惩罚有度，让人觉得他做事很公平。

谈到对上级不满意的地方就一定要注意了。很多同学没有什么社会经验，因为以前被上级骂过两次，觉得这次正好可以好好地倒倒苦水，说说这个上级怎么不像话，但这是绝对不可以的，我们绝对不能把自己不满意的情绪变成对于他人的人身攻击。请明白，我们的上级只是普通人，他们有各种各样的小缺点其实是非常正常和可以理解的，因此我们要就事论事。

常见刁钻问题四：你如何处理与同事以及上司之间的矛盾？

在这里给大家举一个例子。

Jessica 是一家世界 500 强公司的秘书。有一天她正在办公，她的老板来到她面前（因为她在公共区域办公，因此老板来大家都看到了）说：“Jessica，你明天下班之前帮我把这份合同打印出来，然后马上去找 B 公司的老板 Peter 让他签字，并且马上传回给我。”Jessica 刚说：“可是……”他的老板马上打断她说：“没有可是，马上去做。”

这个时候 Jessica 的老板不知道 B 公司的老板 Peter 已经于前天乘飞机前往英国去参加会议了，Jessica 知道这消息，但是她知道不能当众顶撞老板，因为老板是一个比较强势和顾忌面子的人，于是她说："好的老板，我明白了。"

等到当天下午快下班的时候，Jessica 发现老板还留在办公室，于是她推门进去跟老板说："老板，我想向您汇报一个情况。"老板说："你说吧。"Jessica 这时才说出来 B 公司的老板 Peter 已经于前天下午坐飞机去了英国，所以这个合同 Peter 确实没有办法签，不知道是不是能够重新安排一下。

Jessica 的老板这时候觉得 Jessica 这个女孩很懂得处理工作时发生的各种情况。

老板本来以为 Jessica 想要找借口推迟工作，所以用强硬的语气拒绝了她。Jessica 懂得一时忍让，然后在合适的、不让老板丢面子的情况下跟老板说清楚了事情。Jessica 的聪明之处有以下几点：第一，找到合适的沟通时间；第二，服从老板的安排，但是没有抱着"你是老板，你说了算"的态度；第三，没有越级打小报告，而是信任自己的老板，并且也让老板信任自己。

常见刁钻问题五：你是否失败过？

失败实际上是每一个人都会有的，大家千万不要说自己从没有失败过。其实面试官并不在乎你是否失败过，他在乎的是失败导致了什么样的结果，而你又从中学到了什么。所以我们应该注意遵循前面讲的 STAR 原则，要说清楚当时的情况是什么样的，这件事情的失败导致了什么样的结果，你在这样的结果之下进行了怎样的反思。

因为是一对一面试，所以说得越细越好，也可以讲一下如果有重来一次的机会，会给出一个什么样的解决方案，这样就会让面试官觉得你是一个非常善于思考并且善于总结经验教训的人。

常见刁钻问题六： 你为什么转行？

比如，你原来在市场部工作，现在突然想要进人力资源部；本来学的生物专业，但找工作的时候却想应聘公关公司。

对这种跨度比较大的转行行为，要采取怎么样的策略来解释呢？

回答这类问题要坦诚，承认自己跟专业人士比起来是有缺陷的，但是同时提出做好一份工作并不取决于学了或干了几年这个专业，同时也取决于自身的软实力，如说自己善于跟人沟通交流，或者学习能力很强，能够在很短的时间内学会别人需要很久才能学会的东西，等等。我们的回答思路其实应该是："我虽然是没有过多的相关工作经验，但是我有这方面的兴趣和意向，我已经提前自学了一些相关的知识，并且我已经对这个公司和这个职位以及这个行业做了一些相关的背景知识调查。"

常见刁钻问题七：“请把这张桌子卖给我。”

这是一个物理专业大四毕业的男生去面试一家公司的销售职位时面试官提出的问题。

其实，这个面试官并不是真的想要这个男生把面前的桌子卖给自己，他只是想要考查一下这个男生是否能够随机应变，是否能够在较短的时间内调整自己的状态并把这张桌子推销给他，同时观察一下这个男生到底有没有做销售人员的潜质，是否能够了解一个客户想要知道的东西。

这个男生如果能够对桌子的材质、质地、质量甚至是品牌进行一个介绍，并且说：“您想一想，这样气派的办公桌放在办公室里，您一定会感觉到非常舒适。”进而再介绍一下这个桌子有几个抽屉，有什么便利的特点，那么面试官一定感到满意。

常见刁钻问题八：你为什么有一段职业空白期？

我们会发现有一些人的简历上写着自己 2004 ~2006 年在 A 公司工作，2008 ~2011 年在 B 公司工作，这个时候面试官一定会问你，那 2006 ~2008 年这段时间你在做什么呢？

职业空白期实际上是一个比较常见的情况：有一些人出现职业空白期是因为他的前一份工作特别劳累，他很想要休息一下，因此他辞去工作选择去做一些志愿服务活动，或者选择环游世界；也有一些女士怀孕了，生完孩子要照顾孩子，所以就在家里休息了一两年。

这些都是正常的，但是面试官的顾虑是：在你休息的这段时间，你的专业技能和业务水平会不会受到影响？你能不能像以前一样很好地工作呢？这个空白期会不会已经影响了你的整体职业规划呢？

要打消面试官的这些顾虑，我们首先要确认自己能够非常圆满地完成公司的任务；再说明这段空白期正好给了自己身体和心灵双重调整和修养的过程，再度开始工作后会有一个非常好的工作状态；第三可以解释一下在这段空白期你遇见了更多的朋友，所以你的人脉变得更加广泛了，这在以后的工作当中肯定是有帮助的。

常见刁钻问题九：你觉得应该怎样平衡家庭和事业的关系？

大家一定要明白，每一个人的生活都是由家庭和事业两部分组成的，因此如果你胆敢说自己不在乎自己的家庭生活，你是绝不可能被公司录用的。但是我们又不能够否认有些时候事业确实会影响到家庭生活，过多的加班会造成你跟伴侣之间缺乏沟通机会，或者错过一些比较重要的家庭事件，比如说生日聚会甚至是亲朋好友的婚礼。

这个时候回答思路一定是下面这样的。

第一，自己一定要兼顾工作和生活，因为一个人想要愉快地投入工作，他的家庭生活必须幸福，而事业有成也有助于家庭幸福。

第二，你可以解释一下你和你的伴侣都是白领，因此你们不时都会因为工作而影响到自己的作息，比如加班到很晚才能回家，或者需要陪客户应酬。有的时候你会出差，有的时候是你的伴侣会出差，因此两人能够互相理解对方。

常见刁钻问题十：你是否有对象？你是否有结婚、要孩子的打算？

其实这里暗含的问题是你会不会一入职马上就要休婚假，对于女员工更深层次的考虑就是你会不会一入职就要生孩子、休产假。

我不主张大家撒谎说自己没有对象或者说不准备结婚，但是大家也都知道一个人大学毕业可能只有22岁，如果你想要在北京、上海或广州这样的一线城市发展的话，男生在27～30岁结婚，女生在25～28岁结婚是非常常见的。所以你大学刚毕业时完全可以说自己想要在最近的两年把主要精力放在工作上，所以就算结婚的话也会暂不考虑要小孩，这样就可以打消公司的顾虑。如果你确实没有对象的话，你也可以大方承认，然后告诉面试官自己现在想以工作为重。

3 面试官解答问题

在本书第四天的内容中已经给大家提出过一个“问题

清单”的概念，即自己想要了解的与这个公司、这个工作相关的清单。

在电话面试的时候，你也可能没有时间进行相关的提问，那么这一次一对一面试的时候就可以大方地提出这些问题。具体的问题请大家参照本书第四天的内容，那里有很多可以借鉴的模板。

面试官一般会给大家提三个问题的机会，当然有时因为时间紧张，只会给提一个问题的时间，所以这个时候就要给问题排序，看看哪一个问题是自己最想要知道的，然后优先提出这个问题。

一对一面试是一个心理博弈的过程，信息非常多，也很难做到量化的衡量，就像战场一样，我们要做到知己知彼才能百战不殆。

第十一天
面试官一对一面试之面试后

大家一路过关斩将，好不容易完成了从准备简历到一对一面试这么多环节，此时绝不能“虎头蛇尾”。很多候选人前期的工作都做得很好，但是却忽视了面试后的重要工作——面试需要大家有技巧地善后，为自己的求职之路画上完美的句号。

概括起来，面试后大家要做到三点：及时感谢、吸取经验教训及调整心态。

1 及时感谢

很多人往往忽略这个环节，但还是有这样一个行动比较好。可以采用发电子邮件的形式表达感谢，当然前提是你有面试官的邮箱地址，至于能不能得到这个地址就看大家的沟通能力了。

希望大家在一对一面试之后的 24 小时之内写一份感谢的邮件发出去。注意感谢邮件务必做到短小精悍，态度要诚恳，让人感觉到比较欣慰就可以了，千万不要写太多的内容。不要一对一面试刚结束之后马上写一份3000字的感谢邮件发送到面试官的邮箱里，这会给人一种压迫感和紧张感。理想的做法是，面试第二天的上午十点或者下午两点左右发出邮件。如果面试正好赶上了某一个节日，比如说中秋节、“十一”国庆节、圣诞节等，可以顺便祝福一下。落款留下自己的名字、电话。

邮件开头简要提一下自己的姓名和面试时间，起到一个提醒的作用，下面可以写自己通过这次面试学到了很多，并期待可以得到回复，有时候也可以请面试官帮忙提些有关面试的建议。

对于在校的学生，现在给大家一个可以套用的英文感谢信模板。

Dear XX,

I am Xie Shaodong. I had an interview in your office yesterday afternoon. I really appreciate that you gave me this great opportunity to share my ideas and experience with you, and I hope I did a fine job. I have had an amazing time with you and I have learnt a lot about your company.

I really hope to hear from you again if I'm given the chance for the next round. I wonder if you could please give me some tips about how to improve myself in an interview.

Please keep in touch and have a very nice weekend.

Best Regards

Xie Shaodong

对于已经工作的朋友，请大家参考以下内容。

Dear XX,

I appreciate the opportunity to meet with you for an interview for the position of an accountant yesterday.

I really enjoyed meeting with members of the office and learning about the job. The entire team certainly seems to be highly skilled and motivated and the work itself seems as rewarding as it is challenging. From our discussion, I gained a strong sense of your commitment to your clients. I also enjoyed our discussion of my opportunities of working in this wonderful company.

I feel strongly that I possess the qualities required as an accountant. I believe my education and experiences have prepared me well for this position. I'm eagerly looking forward to our next meeting. Thank you for considering me for this opportunity.

Sincerely

Xie Shaodong

2 吸取经验教训

提醒大家面试结束后一定要回忆一下面试的内容，根据回忆为自己打分，评价自己的优势和不足，尽量在短期内做出及时调整。

大部分同学在找工作的毕业季往往会在同一段时间内接到多个面试的通知，几家公司的面试这个刚刚结束下一个马上开始，其中有些同学一开始被拒几次后，面试的成功概率突然变高了，其实原因就是因为他们善于总结自己的问题和不足，并且能在短期之内调整自己的状态从而达到更好的效果。

注意

如果面试官没有明确说明，则等待结果的时间按照惯例往往是 7 ~10 天。这里请大家理解时间略显得长一些，因为面试官很像演讲比赛的评委，他们需要观察多个人的表现然后从中选出较为优秀的人，不可能很快地通知大家面试结果。

如果 15 天之后还没有消息的话，大家可以发短信或者打电话询问一下，注意一定要有礼貌，而且内容也应该简短。如果没有被录用的话，大家有时会收到一封“拒信”。

3 调整心态

不论面试成功或者失败，大家都应该以平常心面对。如果没有通过一对一面试，就更不应该感到难过，因为毕竟之前的网申、多个核心测试及小组讨论环节大家都做得非常令人满意。几年之前，新东方有一名学员想要去美国留学，大家都知道美国的面签是很难通过的，这名学员同样没逃过多次被拒签的命运，但是他不气馁，在第 16 次面签的时候，面试官终于让他通过了，只笑着跟他说了一句："Man, I never want to see your face again."当然我并非鼓励大家在同一家公司面试几十次，但是求职时应该有像这位学员一样不怕挫折的勇气和坚定信心。

第十二天

总经理面试

恭喜各位，今天的面试环节是最后一个横在你们和合同之间的障碍，所以今天我们的主要任务就是搞定各式各样的 GM（General Manager），即公司总经理。总经理面试过程是对大家之前所学知识的总结和终极运用，也是对一个候选人实力、能力的最大考验。

有关本次面试的穿着请回顾本书第九天的内容，至于如何回答总经理提出的各种问题请回顾本书第二天至第四天及第十天的内容。

今天我们主要为大家介绍总经理的类型，以便大家有针对性地采取应对策略。

1 外向热情型

这种总经理往往个人形象及气质就过人一等，像极了好莱坞的明星。当然他们的工作能力自不用说，但是更让人印象深刻的往往是他们的性格和笑容。

和这种总经理交流起来非常轻松愉快，面试时的话题也是天南海北，刚才还在说最喜欢的城市，一转眼就到了平时的兴趣爱好，感觉时间过得飞快。但是这种总经理也最难取悦，因为他们期待候选人能够具备专业技能，同时还要拥有迷人的魅力。大家从他们的表情上是很难看出他们到底对自己的表现是否满意，所以大家一定要在幽默谈笑间表露自己的智慧。

2 成熟内敛型

这种总经理和上一种总经理给人的感觉不太一样，他也许会有一些小幽默，但是大部分时间都彬彬有礼。往往那些平时比较认真严谨的候选人更容易在他身上找到熟悉的感觉。这种总经理通常慎于言行，所以他们的语速不是很快，面试的内容基本紧扣主题，如果聊得投机的话可能给大家两句良心建议，有心者听了之后回来细细思量可以受用很久。

对于这样的总经理大家要认真思考他的每一个问题，做到自己的每一句回答都是认真思考的结果。尽量不要开不必要的玩笑，以免弄巧成拙。

3 职业坦然型

这种总经理给大家的感觉与电影《杜拉拉升职记》中Rose 给人的感觉差不多，他和大家的交往不是很密切，大家看他就像冬天隔着玻璃看屋子里的炉火，好像很热，可是根本感觉不到热度。

这样的总经理会主要集中提问一些和学习及工作相关的问题，你的家人或者朋友可能就不是他关注的重点了。

遇见这样的总经理，大家认真准备学习及工作相关的问题就能派上用场。他们对你的评价就是基于你的专业技术水平，所以这是准备的要点。

4 不苟言笑型

这种总经理很不容易接近，他与第一种总经理恰恰相反，可谓“一个是火山，一个是冰川”。他的问题可能很简单，也可能很广泛，基本决定于他当时的心情是否愉快。和他面谈的时候，候选人的压力是很大的。

遇到这种总经理的时候，大家做好自己分内的事情，认真回答问题就好，除此之外别无他法可循。

最后提醒大家，面试前可以大概了解一下面试总经理的背景和职业发展道路，做到知己知彼。还有，面对总经理这种工作扎实、人生阅历丰富又富有个人魅力的高层人士，大家要做到自然、自信、大方得体。

最后一轮面试，祝大家好运！

第十三天
签合同前最应该清楚的三大问题

当你去面试某份工作的时候，你往往已经比较清楚地了解过这份工作的职位描述、工作时间以及所在部门，而你没有办法了解却又渴望和必须知道的事情就只有以下三件了：薪资、福利及五险一金、劳动合同类型。

1 薪资

如前文所述，薪资应该是进入面试的最后环节才提及的问题。在一面或二面时，一般情况下我们应该避免问这个问题，当然如果是面试官主动发问，那么大家也可以大方地提出自己的合理要求。

不知是因为中国人普遍含蓄还是大家都有一种淡泊名利的感悟，每当面试官谈起有关薪资的问题，大多数人尤其是应届毕业生就会表现出一种超然的大度，仿佛与自己谈钱就是侮辱了自己的人格一般。不过我倒是觉得大家其实可以坦然地与面试官沟通一下自己对薪资的期望。大家一定要明白以下两点。

第一，其实对薪资有所期待并不是罪过。平心而论，谁不愿意拥有更高的收入？当你坐在面试官面前说对自己来说钱多钱少无所谓的时候，如果你是面试官你会相信这些话吗？恐怕除了真正的隐士，很难有人能够逃脱一边表示钱不重要，一边却要感受心在滴血的命运。尤其是面对今天北上广令人窒息的房价、生活费，当深圳人民都要去香港打酱油的时候，那些虚无的超然及淡定会更让人难以相信。所以，我们不如先了解一下面试官问薪资时的心态，同时也学习一下应该如何应对这样的问题，以期待自己能够通过这次沟通获得一个令双方都较为满意的薪资。

第二，更高的薪资对于你的个人能力实际上是一种认可和肯定，而且不论是对初出茅庐的大学生还是准备跳槽的职场达人都是如此。因为更高的薪资不仅代表着你个人收入及物质生活水平的又一次提升，更代表了你的才华和工作获得了更多的认可。打个比方说，如果一个男人对一个女人说“我十分十分爱你”，可是却不舍得在她身上花一分钱，那么他对这个女人的爱大抵也是有限的吧。同理，当一个公司不停地说着我很认可你，却不舍得为你多加哪怕一点点薪水时，恐怕公司对你的认可也让人怀疑了。

面试官为什么谈薪资？你应该说实话还是应该假装无所谓呢？大家常犯的错误又有哪些？什么样的话在这个问题中是最大的禁忌呢？让我们来看一家世界 500 强公司面

试官提供的真实案例。

2009年春季的一天，我像往常一样安排了全天的面试。这次招聘的职位是高级销售代表，主要职责是一些关键客户的维护和开发。这个职位非常特殊，因为它所管理的客户对公司本季度的销售成败以及下季度的市场份额起着重要的作用，所以选拔的过程一直都比较严格。

上午的6个候选人都不尽如人意。午饭过后，下午的面试开始了。第一个候选人是王先生，他三十岁出头，虽然毕业于一所普通的二本院校，但是他已经有了七年多的从业经验，之前在一家不太知名的公司做着类似的工作。面试一开始进行得很顺利，我对他的工作经验比较满意，另外他的个性也比较灵活，适合与关键客户打交道。我看好他的面试结果，于是在问了几个有关家庭的问题之后，我就很自然地问了他："你的期望薪资是多少？"

"月薪7000"，他几乎想都没想就马上回答了。这个答案大大出乎我的意料，因为这与我们公司对于这个职位设置的月薪相差大约20%，以他的工作经验和他所应聘的岗位来说这是不可能达到的薪资要求。他已经在这个岗位工作了七年，不应该连自已职位薪资的市场行情都不清楚，而且还能差出这么多，所以我很想了解一下他为什么会抱有如此高的薪资期望，便问他提这个薪资的依据是什么。

“因为我的大学同学现在都拿这么多了，再说你们这是世界500强企业，给这么多也很正常。”我再次询问了一下他的薪资底线，结果他分毫不让。

其实如果他提的薪资与公司规定出入不算太大的话，我本来也可以考虑适当地让一步，可是这个20%实在是超出我的能力范围。最后我只好让他回家等消息了。

在这个例子当中，王先生犯了一个非常典型的错误就是“漫天要价”，而且他漫天要价的理由并不是因为自己比别人优秀或拥有某些较特殊的核心竞争力，而是因为想要和别人攀比薪资。

当然，我们并不主张一味忍让和迁就，对于自己不满意的薪资一忍再忍，但是大家也绝对不能不搞清楚市场行情，只是凭借着对于大公司的猜测和从与朋友聊天当中得到的消息来提出“希望薪资”。像上面例子中这样一位已经工作了七年的职场老人尚且能犯这种低级错误，职场新人就更有可能因此给自己的面试带来负面影响了。

在这里，要向大家提供一个避免此类问题的好方法：

现在有很多免费的薪资调查软件，包括中华英才、智联招聘等网站都有，输入你的工作年限、工作经验及职位等，就会有一个建议薪资，也就是大多数和你干着相似工作的人都拿着什么样的薪资，你可以参考一下，这样等你去面试的时候，至少不会因为你的期望薪资与公司可给出的薪资差距太大而给你的面试带来不利影响。

当然，如果你确实十分优秀或有某种特长，那么你也可以以此来争取更高的薪资。但是对于大部分朋友来说，使用薪资调查软件还是一种比较科学的方法。

这个失败的例子为我们敲响了警钟，所以我们一定要做到防患于未然。现在来看看人力资源专员公认的有关薪资的五种失败回答。

第一，无所谓。这种回答无疑只会给面试官两种感觉：第一，你很不自信，连自己的生活必需品都不敢要求；第二，你对自身没有一个清楚的定位，不清楚自己该干什么，值多少。不要忘了薪资代表着公司对你劳动成果的肯定，假如一个人连自己的劳动成果都不关心，如果你是面试官，你会录取这样一个人吗？

第二，漫天要价。也这就是上面例子当中发生的状况，与他相似的回答还有“觉得跳槽就应该给这么多”“大公司就应该高”“我身边的朋友都这么多了”。说这些话的人往往没有想过，你为什么值这么多？难道仅仅因为这是一家大公司它就有义务给你高工资吗？一个人的工资其实应该以这个人的工作能力，而不是公司的大小来评定，再好的公司也有低收入的员工，再差的公司也有高收入的人。

第三，绕着说。有些朋友很喜欢绕着说钱，这种情况尤其容易出现在初入职场的大学生身上。要知道，当面试官问到薪资期望的时候，他们并不是出于客气，而是真的想要了解一下你所期望的薪资到底是多少，看看自己手上的职位能否满足你的薪资要求，如果完全不能满足的话，那么双方就都可以节省一点时间了，所以请大家大方地告诉面试官你的期望。

另外，如果你知道自己的期望薪资比起别人偏高或偏低，你还可以解释一下自己的理由，这并不会使面试官反感，反而给你一个展示自己沟通能力的机会。遥想当年我在大四面试的时候就是这样做的。当时一家世界500强公司的面试官问我的期望薪资是多少，我就大方地回答希望能有3000 ~4000元，并解释说知道这个工资相对其他应聘人员来说略微偏高，主要是因为自己是外地人，在北京没有亲戚朋友，租房子、吃饭都是比较大的花销。

第四，要求太低。现在有很多大学毕业生表示自己愿意“低薪水”甚至“零薪水”为公司打工，以赚取工作经验。其实不需要如此，虽然找份满意的工作不容易，但是大家总还是可以找到相对来说比较满意的，尤其在北上广的朋友们大可不必以每月 1000 元或者更低的工资来虐待自己。

第五，加薪。步入职场一两年的人需要注意这个问题。我的一个在薪资部门工作多年的朋友曾经和我说起过下面这样一件事。

在他们的公司里，有一个主任级别的员工想要加薪，找到公司的人力资源部门来提出要求。说实话，这是一种非常不靠谱的行为。首先，任何一个较有专业素质的人力资源专员是不会和员工本人直接谈调整薪资的可能性的，因为这不符合公司流程。其次，员工的薪资调整应该由他的直属上级调整然后报人力资源部门审批，而不是由人力资源部门发起。如果这位主任确实觉得自己最近表现不错想要调薪，也应该去找他的直属上级商量此事而不是去找公司的人力资源部门，不然这件事情不仅可能会危及其前途，还会在公司内部造成负面影响。

试想一下，也许这位主任这段时间确实表现不错，他的上级本来就在考虑为他加薪的可能性，结果经这位主任自己这么一折腾，事情就变得复杂了。如果最终给他加了薪，大家会以为只要去人力资源部门折腾一番那么自己的工资大概都是可以涨的；如果不加薪，那么这位主任辛苦努力的工作就得不到应得的认可。总之，无论这位主任能否获得加薪，他的上级都被推到了两难的境地。

针对以上的几种情况，我给大家提出以下建议。

首先，你一定要了解行情，如果你对自己的薪资不满意，那么你应该先了解一下同等资历的人的薪资，这样你就能大致评估一下自己有没有被亏待。其次，以成绩证明自己。如果你觉得自己工资虽然不低，但是自己的确比别人优秀的话，你也应该找到具体事例来证明这件事，然后和自己的上级心平气和地谈谈，注意一定不要把话说得太死，那样很容易引起上下级关系紧张。当然，不要直接去找人力资源部门谈这件事，因为那样会折射出一个潜台词就是你不相信你的上级。

2 五险一金及福利

(1) 五险一金

初出校门的大学毕业生朋友们和初入职场一年左右的朋友们对五险一金的概念很模糊，不是搞不清楚福利与五险一金有什么区别，就是不知道五险一金的作用和怎么上缴等问题，更有甚者不知道试用期的保险问题而被骗或被欠缴保险。

这里简单介绍一下什么是五险一金。五险指的是五种保险，包括养老保险、医疗保险、失业保险、工伤保险和生育保险，而“一金”则是指住房公积金。其中养老保险、医疗保险和失业保险这三种险由企业和个人按照一定比例共同缴纳保费，工伤保险和生育保险则完全由企业承担，个人不需要缴纳。这里要注意的是“五险”是法定必须缴纳的，而“一金”则不是。

五险一金的缴纳额度每个地区都不太一样，一般是以你的工资总额为基数，但有的企业在缴纳五险一金时，只以基本工资为基数，这是一种投机取巧的做法。

因为“五险”需要大家自己交一部分钱，所以在员工的工资条里是有所体现的，很多朋友看到自己的工资条中只有养老、医疗和失业保险的扣款却没有工伤和生育保险的扣款，就会担心是不是少上了两个险种，其实这是因为最后两种险本身就不需要大家交钱，所以自然工资条上没有什么扣款可言了。

另外，试用期期间是否能享有五险？

因为试用期是合同期的一个组成部分，所以在试用期内也应该上保险。如前文所言，企业给员工上保险是一个法定的义务，不取决于当事人的意思或自愿与否，即使员工表示不需要交保险也不行，而且社会保险不能被商业保险代替（有些商业保险实际上是非常实惠的，是公司为员工准备的额外福利，这在接下来的内容中将详细地讲到）。

小任是石家庄一所大学的学生，大学毕业时通过面试签约到了一家私企，当其他同学都还没找到工作的时候，小任已经开始上班了，这自然让小任喜出望外。但是在一天下午，不幸发生了，小任在工作地点忽然腹痛难忍，被同事送到医院后他直接被推进了手术台，后来大家才知道小任当时突发了胃穿孔，要不是手术及时恐怕连命都保不住了。

住院期间小任一共花了近7000元，这时小任才想起来自己工作至今工资条上从来没有扣过任何保险，跑到人力资源部一问发现原来自己这段时间一直没有保险，也就是说这笔庞大的费用将要由小任自己来承担了。对于家境并不富裕的他来说，生活一下子变得灰暗起来。

上面的例子告诉大家一定要保护好自己的权益。当然，与世界500强公司签约的正式员工一般是不太需要担心这些事的，但是充分了解这些事情还是十分必要的。

北京市职工社会保险缴费比例

养老保险缴费比例：单位20%（全部划入统筹基金），个人8%（全部划入个人账户）。

医疗保险缴费比例：单位10%，个人2%+3元。

失业保险缴费比例：单位1%，个人0.2%（无论员工是城镇户口还是农村户口，需要单位缴纳部分单位必须缴纳；对于个人缴纳部分，城镇户口个人需要缴纳，农村户口个人不需要缴纳）。

工伤保险缴费比例：根据单位所属的行业范围来确定，范围为0.3%~2%，全部由单位缴纳。

生育保险缴费比例：0.8%，全部由单位缴纳。

公积金缴费比例：根据企业的实际情况，选择住房公积金缴费比例。但原则上最高缴费额不得超过北京市上年度职工月平均工资三倍的10%。2008年下半年起，全北京市执行的标准是用人单位按上年度职工月平均工资的12%缴纳住房公积金（有上限，此处不赘述）。

大家一定不要小瞧或忽视五险一金，其实在五险一金的背后有很多暗含的特殊意义和内容。

比如，工伤保险的缴费比例之所以浮动和企业所属的行业有关，如果一家企业属高危行业，那么工伤保险缴费比例就会高一些，但是如果该企业事故率很小的话（比如IT 行业），工伤保险缴费比例自然也会很低了。

又如，大家可能很奇怪为什么男员工也要参保生育保险，其实这是为了讲求男女平等而设计的。保险对于企业毕竟是一笔开销，所以如果只有女员工需要参保生育保险，那么难保不会有企业为了节省人力成本而减少女员工的数量，从而对女员工造成一种歧视并降低女员工的就业率。

（2）福利

现在我们来看看所谓的福利到底是什么。实际上说通俗一点，福利就是公司按照自己的章程为大家额外提供的一些好处，这些好处大致可以分为以下几类。

1）政策型。

这是一种比较常见的福利。比如，按照我国劳动法的规定，公司应该向正式的全职员工提供若干天的带薪年假和病假，有的公司（尤其是一些欧洲公司）为了更好地体恤员工，除了国家法律规定的年假和病假还会向大家额外提供几天带薪年假或病假，以此来犒劳自己的员工。

我在环球雅思的大声会英语俱乐部工作的时候，有一个学生来自一家著名的欧洲公司，她讲到有一

天她正在上班时得知母亲突然生病了，她的老板知道情况后告诉她可以回去陪母亲，这一天算在其带薪年假中。这件事使在场的一位微软主管非常感慨，虽然大家都知道微软福利待遇很好，可是这种待遇就算身为主管的他也是没有遇到过的。

相信很多朋友会觉得上面的例子不可思议，但是这却是摆在眼前的事实。当然，在这一方面欧洲公司明显最好，然后是美资公司，比较严格的是日资公司，所以这也是大家在考虑进入一个公司时需要注意的事项：如果你本身对人性化管理更有好感，那么你当然应该优先考虑欧洲公司；但是如果你对论资排辈（也就是按资历）升职很认同，那么日资公司是十分适合你的。

2）保障型。

一般情况下这是指补充医疗保险（不是五险一金中的医疗保险），该保险由公司出资，员工自己是不用花钱的，通过这种做法员工能实实在在地享受到可靠的保障，这也是有责任感的公司对员工的人文关怀。

按照北京相关法律和政策的规定，只有员工在一年的医疗费用超过 1800 元之后，才会享受到 1800 元以上的部分报销 70% 的待遇。说实话，对于大部分人来说一年看病可能只花个六七百元，也就是说这根本就达不到报销金额，那么这些费用只能由自己来承担，就算超过了1800元，超过的部分才报70%，自己还要承担30%。

五险一金中的医疗保险和补充医疗保险有什么不同呢？我们来看下面的例子。

Sarah是一家世界500强公司的市场专员，在2010年一年当中，她为公务多次到外地出差，有一次因为气候差别过大患上了急性肺炎，在为期7天的治疗过程中花费了2500元的医疗费。

如果她只有五险一金中的医疗保险，那么1800元以下的部分是不予报销的，超过1800元的部分有700元，而这一部分只报70%即490元，也就是说，Sarah花了2500元的医疗费最终只会报销490元。

但是如果Sarah除了有五险一金当中的医疗保险，还有公司额外为她保的补充医疗保险的话，那么情况就不一样了。根据我的了解，大多数世界500强公司会为大家保300—1800补充赔偿的补充医疗险，也就是对300元以上、1800元以下这部分进行报销，一般可以报销90%~100%（有些特殊疾病，如先天性心脏病等的报销比例相对较低）。

我们再来看看 Sarah 的医疗费用：300 元以上 1800 元以下一共有 1500 元，按照 90% 的报销比例 Sarah 可以报销 1350 元，五险一金中的医疗保险针对 1800 元以上的部分报销 70% 还可以报销 490 元，这样 Sarah 就可以报销 1840 元。

其实，这种补充医疗保险对于绝大多数职场新人来说是最划算的，因为初入职场难免多为工作加班熬夜或者出差淋雨，生点小病在所难免，现在医疗费那么高，一年看病花个千八百块钱都是很有可能的，可是由于五险一金的医疗保险起赔点 1800 元实在太高，年轻人一般达不到，但自己花钱的话千八百块钱又确实不是个小数目。五险一金和公司的补充医疗保险互补之后就能为员工提供非常大的实惠。

3）物质型。

这种是大家最常见到的情况，物质包括实物和现金两大类。

首先我们来看实物。它们可以是印有公司标志的各种衣服、包、U 盘、杯子、笔记本等（如果员工本身就比较喜爱公司的品牌，那么这无疑是很好的员工福利），可以是逢年过节时的食物或饮料，也可以是某大商场的代金券……

我的老东家百事可乐在2009年“十一”国庆的时候为员工发了5箱星巴克的星冰乐和4箱2.5升装的百事可乐激浪。大家都知道一瓶星冰乐就要20元左右，5箱的价值自然不菲。当时我妈妈来到北京和我一起过节，两个人喝了很长一段时间才把那5箱星冰乐喝完。

其次就是现金了。一般有这项福利的公司会按照员工不同的入职年限或岗位级别不定期发放一定数额的现金。另外，相信大家也都耳闻过一些世界500强公司的员工一年会收到15个月甚至18个月的工资，其实多出的那几个月工资就是公司为大家准备的现金福利。

4）其他。

还有一些新型福利，既能够为员工提供实惠，又能帮助公司增加人员稳定性，常见的有两种情况：年金和补充住房公积金。

年金其实很类似于补充性养老金，是指公司每年定期为员工存储一定数额的额外养老金（日本企业多采用这种方法），当员工退休的时候就会享受非常大的实惠，但是如果员工在工作几年之后想要离职的话，那么就要向公司交所谓“保管费”（当然等退休时依然可以领这部分钱），其实这在一定程度上就增加了公司员工的稳定性。

补充住房公积金则是个别地区的公司做法，比如上海的一些公司在国家规定的12%的比例之外再额外为员工缴纳10%甚至15%的住房公积金作为福利。

3 劳动合同类型

一般情况下，大家的劳动合同可以分为固定期限劳动合同、无固定期限劳动合同和以完成一定工作任务为期限的劳动合同。但是大家目前常接触到的是兼职合同及全职合同这两种形式，只要规定了合同的年限，那么它们就都属于固定期限劳动合同。作为大四毕业生，与公司签订的应该是全职劳动合同，但是如果你是还没有毕业的学生（即没有拿到毕业证的学生），那么你要签的就会是兼职合同或者实习协议了。

兼职合同和全职合同到底有哪些方面的不同呢？我们来通过表13－1（只是对合同中常见名词的通俗解释，不具备法律效力，具体签订时请务必参考国家相关法律法规）来看一看。

表 13-1　常见合同类型

	兼职合同	全职合同		
		不定时	标准工时	综合工时
工作时间	双方商定	在按质按量完成本职工作的前提下，员工可以自行安排工作和休息时间	每周工作 5 天，每天不超过 8 小时，每周不超过 44 小时	以年为计算周期，综合计算员工工作的时间，平均每个月应达到 166.64 小时
加班	无	只有在法定节假日上班才算做加班	工作日加班支付加班费，一般会按月结算；周末加班则尽量以倒休的方式来补偿，一般累加一年，在年末进行一次总的计算来进行加班费的结算	加班按年计算，如果平均每月工作 166.64 小时之外还有超出的部分，那么超出部分计算加班费
加班费	无	工作日安排劳动者延长时间的，支付不低于工资 150% 的工资报酬 休息日安排劳动者工作又不能安排补休的，支付不低于工资 200% 的工资报酬 法定休假日安排劳动者工作的，支付不低于工资 300% 的工资报酬		

续表

<table>
<tr><th rowspan="2"></th><th rowspan="2">兼职合同</th><th colspan="3">全职合同</th></tr>
<tr><th>不定时</th><th>标准工时</th><th>综合工时</th></tr>
<tr><td>试用期</td><td>无</td><td colspan="3">劳动合同期限三个月以上不满一年的，试用期不得超过一个月；劳动合同期限一年以上不满三年的，试用期不得超过两个月；三年以上固定期限和无固定期限的劳动合同，试用期不得超过六个月
注意：同一用人单位与同一劳动者只能约定一次试用期。也就是说，续约没有试用期</td></tr>
<tr><td>个人所得税</td><td>每月工资不超过4000元的，800元以上的部分均扣税20%</td><td colspan="3">每月应发工资小于等于3500元不扣税
每月应发工资3500元以上的，减去3500元的差额根据累进税率计算个人所得税：
<table>
<tr><th>级数</th><th>除去3500元以后的应税额</th><th>税率（%）</th></tr>
<tr><td>1</td><td>不超过1500元的部分</td><td>3%</td></tr>
<tr><td>2</td><td>超过1500元至4500元的部分</td><td>10%</td></tr>
<tr><td>3</td><td>超过4500元至9000元的部分</td><td>20%</td></tr>
<tr><td>4</td><td>超过9000元至35000元的部分</td><td>25%</td></tr>
<tr><td>5</td><td>超过35000元至55000元的部分</td><td>30%</td></tr>
<tr><td>6</td><td>超过55000元至80000元的部分</td><td>35%</td></tr>
<tr><td>7</td><td>超过80000元的部分</td><td>45%</td></tr>
</table></td></tr>
<tr><td>五险一金</td><td>无</td><td colspan="3">按照我国法律规定缴纳</td></tr>
<tr><td>带薪年假</td><td>无</td><td colspan="3">劳动者连续工作一年以上，可享受带薪年假</td></tr>
</table>

通过表 13 - 1 大家对于自己所要签订的劳动合同一定已经有了一个充分的了解和认识，签订劳动合同时希望大家还要注意到这些细节：劳动合同期限、岗位名称、工作地点、薪资标准、试用期。

我在这里要特别强调一下岗位名称和工作地点。岗位名称直接决定了各位以后在公司的工作内容、职级和性质，如果签合同的时候没定好，到时候后患无穷。对于工作地点，不管公司如何保证，只要没有白纸黑字地写在合同里，一旦公司更改你的工作地点，那你一般只有服从安排了。

如果能够很好地了解今天所讲的这些内容，大家对于自己的劳动合同就有了一个较为全面的认识。鉴于大家在求职时的自我保护意识依然比较淡薄，所以希望今天的内容对大家有所帮助。

这里再次强调，由于国家相关法规和政策不断在修订和更新，今天内容涉及的数据请以最新颁布的国家法规和政策规定为依据。

第十四天
新的起点——公司内部晋升的三种模式

签订合同是求职面试的结束，但也是职业生涯的开始，如果想要有一个好的职业发展道路，大家千万不要放松心态，因为真正的“战斗”才刚刚开始。在这里我将介绍公司内部晋升的三种发展模式，希望能够帮助大家做好准备，为更好的人生而奋斗。

公司内部晋升的各种模式虽然有所区别，但是它们具有一个非常相似的核心要点，那就是“资源的积累”。如果大家发现自己的资源（包括人脉、经验和技能等）在不断增加，那么你已经具备了晋升的首要条件。

1 垂直向上型晋升

这种晋升的模式最为常见，主要是由个人的经验和技能来决定的。这样的职位往往是技术性职位——随着经验的增加，某人越来越有能力，越来越能胜任复杂的工作任务，于是晋升就成了必然。

Peter在一家快速消费品公司工作三年多了，一开始他被划归到一个地区的销售小分队，每天和10多个与自己身份相同的业务代表出去跑业务，晚上向小分队主管汇报情况。他平时业务突出、踏实肯干，而且在一次竞争对手恶意降价倾销的时候，他另辟蹊径成功地挽回了整个地区的销售局面。因此，在小分队主管调离后，他很快得到提拔成为了新小分队主管，薪水得到增加，并且直接管理自己以前的同事们。

以上这个例子就是非常典型的垂直向上型晋升，包括升职、加薪和管理一定数量的员工。但是还有一些垂直向上型晋升是比较独特的，是指得到晋升的员工并没有任何下属，请大家看以下例子。

Lisa刚刚大学毕业，是一家世界500强公司的人力资源薪资福利专员，公司的整个薪资福利办公室只有她和另一名员工Mary。Lisa负责的工作比较初级和简单，往往以核对数据等基础工作为主，而Mary已经工作了四年，是一名薪资福利经理，负责整个公司的薪资计算以及个税扣除等重要板块。

两年以后，Lisa 慢慢变得越来越有经验，在 Mary 出差的时候，逐渐可以帮助 Mary 处理一些重要的事务。后来，人力资源总监便将 Lisa 提升成为了薪资福利主任。

又过了一年多，Lisa 趁着业余时间学习并考取了人力资源师证书，业务能力也更强了，于是在 Mary 怀孕离职后她便被提拔成了薪资福利经理。

在这个例子中，Lisa 所在的薪资福利办公室只有两名员工，在她唯一的同事离职后，她变成了办公室唯一的成员，同时她又是一名经理。

实际上，所谓的垂直向上型晋升就如图 14－1 所示，越往上晋升越难，人数越少，但是资源越丰富。

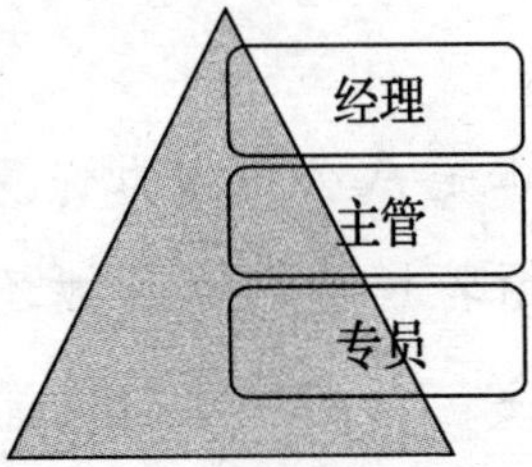

图 14－1　垂直向上型晋升

2 水平转移型晋升

比起垂直向上型晋升，这是一种不太常见的晋升模式。

一般人对于晋升的理解往往和打电子游戏的感觉差不多，不断地升级、不断地刷分，从村民变成骑士、再从骑士变成英雄，最后从英雄变成国王，也就是我所说的第一种晋升方式。

但是这种理解实在是太狭隘了，其实水平转移型晋升有的时候更具优势。

水平转移型晋升往往发生在两种情况下：一种情况是，当某一部门急缺员工，公司从内部把一个员工从一个部门调动到另一个部门，这就意味着这名员工的工作性质很有可能要发生变化；另一种情况是一个员工从一个地区的分部调到了另一个地区的同类分部，这时员工的工作性质其实是没有变化的。

这两种晋升各有好处，请大家看以下两个例子。

Christina 本是 A 公司人力资源部一名优秀的员工，专门负责招聘模块，而且她还连续两年主持了公司的千人年会。大家对她的前途都非常看好，觉得再有一两年她就会顺利晋升成为招聘主管。

有一天，Christina 突然接到人力资源部总监的邮件，告知她因为公司需要，决定借调她去市场部任职，专门负责外联工作。Christina 对此不太理解，还想到了辞职，可是又不忍心离开已经工作多年的公司，只好勉强接受。

出乎意料的是，短短几个月的时间 Christina 就完成了转型，顺利成为了市场部的外联骨干，并在半年后升任外联主管一职。

Christina 后来从侧面了解到，因为她之前在年会的出色表现显示出了超常的市场天分，打动了市场部总监，才发生了之前的“调任令”事件。

大家通过以上例子不难看出，公司内部的水平转移型晋升其实可以为员工提供更适合自己的发展平台和新的职业发展可能。

Mario 是一名消防队员，在消防队已经干了 13 年，有着非常丰富的经验和踏实的工作态度。但是因为消防队的岗位都是一一对应的，现任的队长们都非常出色，他很难有机会得到提拔。

有一天，Mario 看到消防队内部通讯上有“新城区开发即将完成”的消息。他知道这意味着那里会有新的医院、新的学校、新的小区和新的消防队！他决定提出调任申请，去新的消防队任职，而队长很快批准了他的请求，于是他凭借多年的经验和勤恳的态度获得了自己梦寐以求的队长一职。

从以上例子不难看出，工作地点的变化为 Mario 提供了非常理想的晋升机会。

总结一下不难发现，不论是部门或者地点的变化，水平转移型晋升为有才能但是没有机会的员工提供了好的晋升渠道，因此也是公司中常见的一种晋升模式。

我们可以通过图 14－2 来加深对水平转移型晋升的印象。

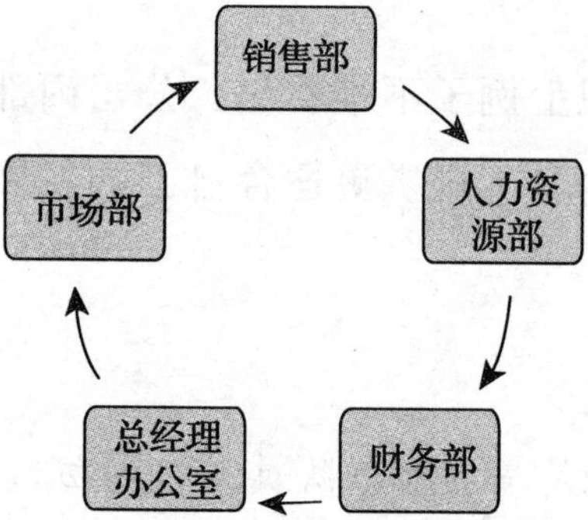

图 14－2　水平转移型晋升

3 核心推进型晋升

这种晋升模式是指从一个团队或项目的边缘慢慢向核心靠拢的过程，它从表面上看起来并无明显的职位或者薪资的变化，但是资源的积累是评价晋升的最重要标准，通过向核心的推进，大家会拥有宝贵的人脉、经验甚至是技术和知识。这些重要的资源定会在不远的将来帮助到大家。

Lee是一名世界500强企业的技术开发专员，他所在的团队是公司最核心的团队，也是技术部门人员最多的团队，有将近50人。Lee虽然来自名校，但是没有什么工作经验，所以被放在了最不受重视的岗位，很多时候他都是帮助大家领盒饭的“盒饭男孩”。

Lee心里明白这是职场的必经之路，但是他也希望自己能尽快向着技术开发这个核心领域迈进，于是总是最早来最晚走，如果有谁忙不过来他就赶紧上去帮忙，一来二去和很多老技术员混得很熟，也渐渐掌握了一些技术开发的核心知识，大家也不再把他当做初出校门的毛头小子看待了。Lee的技术开发生涯终于慢慢走上了正轨。

后来，Lee被主管看中并成为了他的助手，很快成为了团队的核心成员，并随这位主管去国外学习了半年。

大家试想一下，如果Lee当时懒散地等着别人给自己机会，他也许会稳坐“盒饭男孩”的宝座很久很久。通往核心领域的道路往往辛苦，但是收获也必然丰富。

大家可以通过图14－3来加深对核心推进型晋升的

印象。

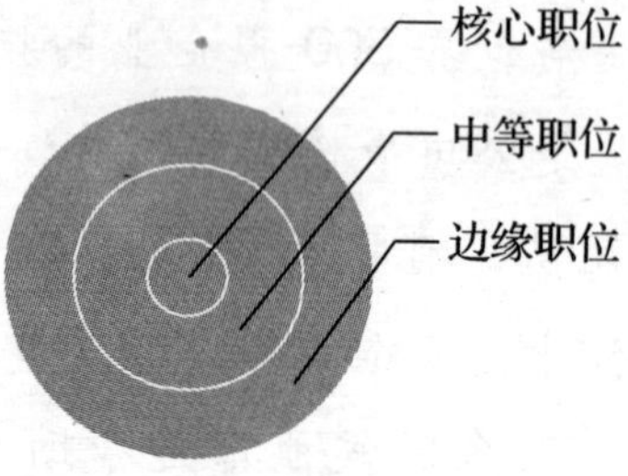

图 14－3　核心推进型晋升

希望大家能够了解以上三种晋升模式，提早规划职场生涯。

另外，还要提醒大家一点：虽然我们一直强调不要随便辞职、换工作，但是如果大家感觉到自己在一个岗位无法学到任何新知识、发挥自己的任何才能、获得我所说的资源，那么大家当然可以另寻新的东家。如果只是觉得工作比较辛苦或者不太习惯，这不能成为换工作的理由！

最后，祝大家能像“杜拉拉”一样，在职场找到一片属于自己的天空。

后　记

今天是我 26 岁的生日，本书最后一部分内容写在这样一个日子很有纪念意义。

记忆中自己 22 岁的样子已经有点模糊了，要不是有人人日志和相册的提醒，当时很多的挣扎自己都想不起来了。记得那时的我为了“前途”和“钱途”挣扎过，为了留在老家还是来北京挣扎过，为了自己的未来和家人亲戚争吵过无数次。

今天再回头，发现原来自己以前的每一个选择都直接决定了自己的今天，同样的，今天的每一个决定都决定了自己的未来。如果 2009 年我留在老家，现在的我应该是一名高中生物老师，有一套自己的房子，每天开车上下班，朝八晚六的作息一直持续到退休的那一天。现在坐在自己不大的卧室里想想这种可以预见的未来，我突然间一时语塞。

看似重大的决定，做决定的原因有的时候其实很简单。2008 年我一意孤行不顾家人的反对非要到北京当奥运会志愿者，只因为我想要到自己从没到过的北京走走看看。2009 年我放弃航空公司飞行员招飞排名第一的名额跑到北京百事可乐做人力资源专员，只因为自己小的时候看过一篇作文，觉得做白领是世界上最帅气的工作。那时候的我对文章中描写的“白领每天忙得没有时间做饭，不得不去超市买酸奶充饥”这种事都很羡慕，因为我觉得那些白领过得好充实。

可惜入行之后我发现，光有一腔热爱是不够的。同事之间的关系一点也不像电视、电影或者小说里描述的样子，真实世界复杂多了。另外，在公司每天加班到九十点钟成为了一种常态，在这种情况下我的胃肠出现问题就一点也不奇怪了。大家可想而知，我现在再回想小时候读的那篇文章心情是多么纠结。

但是作为一个刚刚走过这段路的过来人，我真心诚意地告诉大家：“职场贵在坚持。”特别是大学刚毕业的同学们，大家在公司里遇到的困难不是特例，几乎存在于每一家公司。很多朋友毕业后进入公司，发现有同事排挤自己，有同事阳奉阴违。于是觉得自己要换个环境，入职短短三个月便离职了。但是他们不知道，每一家公司都有一个或者几个不喜欢自己的同事，也都会有那么一些阳奉阴违的人，辞职的结果是发现下一家公司也一样。为了一些不喜欢的人放弃一份自己喜欢的工作难道不是天下最傻的一件事情吗？

我有一个朋友，大学时期很优秀，每件事情都要做得最好，对于她来说不得“第一”就算失败。但是大学毕业一年半，她已经换了四次工作。每次都是因为“老板太差劲了”“同事好八卦”这样的理由，换一个单位的结果是发现新公司的老板和同事还是这样，于是接着换。我不是反对大家跳槽，但是大家平心静气地想一想，如果自己总是在一个公司待几个月就走人，会不会是由于自己过于苛刻和挑剔？

坚持一年。如果你发现这份工作真的不适合你，你可以辞职。一年的时间足够证明这件事，同时写在简历上也证明了你是一个有耐性、能坚持的人。人要不怕放弃，但也不能不努力就放弃。要勇于尝试，但是也不能莽撞。

请记住：大家现在做的每一件事都在书写自己的未来，现在走过的路会成就未来的自己。一切成败几年以后见分晓。找到自己喜欢的工作，坚持做下去，相信自己可以成功，未来的某一天，你会感谢今天的自己没有轻易放弃。

亲爱的朋友们，让我们一起出发！

谢绍东

2012年11月14日